O REGIME DA RESPONSABILIDADE CIVIL
EXTRACONTRATUAL DO ESTADO
E DEMAIS ENTIDADES PÚBLICAS
E O DIREITO DA UNIÃO EUROPEIA

MARIA JOSÉ RANGEL DE MESQUITA
Professora da Faculdade de Direito da Universidade de Lisboa

O REGIME DA RESPONSABILIDADE CIVIL EXTRACONTRATUAL DO ESTADO E DEMAIS ENTIDADES PÚBLICAS E O DIREITO DA UNIÃO EUROPEIA

O REGIME DA RESPONSABILIDADE CIVIL EXTRACONTRATUAL
DO ESTADO E DEMAIS ENTIDADES PÚBLICAS
E O DIREITO DA UNIÃO EUROPEIA

AUTOR
MARIA JOSÉ RANGEL DE MESQUITA

EDITOR
EDIÇÕES ALMEDINA. SA
Av. Fernão Magalhães, n.º 584, 5.º Andar
3000-174 Coimbra
Tel.: 239 851 904
Fax: 239 851 901
www.almedina.net
editora@almedina.net

PRÉ-IMPRESSÃO | IMPRESSÃO | ACABAMENTO
G.C. – GRÁFICA DE COIMBRA, LDA.
Palheira – Assafarge
3001-453 Coimbra
producao@graficadecoimbra.pt

Fevereiro, 2009

DEPÓSITO LEGAL
289357/09

Os dados e as opiniões inseridos na presente publicação
são da exclusiva responsabilidade do(s) seu(s) autor(es).

Toda a reprodução desta obra, por fotocópia ou outro qualquer
processo, sem prévia autorização escrita do Editor, é ilícita
e passível de procedimento judicial contra o infractor.

Biblioteca Nacional de Portugal – Catalogação na Publicação

MESQUITA, Maria José Rangel de

O regime da responsabilidade civil extracontratual
do Estado e demais entidades públicas e o direito
da União Europeia. – (Monografias)
ISBN 978-972-40-3760-8

CDU 347
     34

ÍNDICE

1. **O novo Regime da responsabilidade civil extracontratual do Estado e demais entidades públicas** 9
   1.1 Antecedentes 9
   1.2 Traços gerais 13

2. **Os regimes da responsabilidade civil extracontratual do Estado e demais entidades públicas: alterações principais** 19
   2.1 Responsabilidade civil por danos decorrentes do exercício da função administrativa 19
      2.1.1 Responsabilidade por facto ilícito 19
      2.1.2 Responsabilidade pelo risco 21
   2.2 Responsabilidade civil por danos decorrentes do exercício da função jurisdicional 22
   2.3 Responsabilidade civil por danos decorrentes do exercício da função político-legislativa 23
   2.4 Indemnização pelo sacrifício 25

3. **O Regime da responsabilidade civil extracontratual do Estado e demais entidades públicas e o Direito da União Europeia** 27
   3.1 Génese e evolução do princípio comunitário da responsabilidade dos Estados membros por incumprimento do Direito da União Europeia: do acórdão *Francovich* ao acórdão *Traghetti* 33
   3.2 As desconformidades entre o Regime da responsabilidade civil extracontratual do Estado e demais entidades públicas e o Direito da União Europeia 43
      3.2.1 Traços de desconformidade comuns a vários regimes responsabilidade. 44
         3.2.1.1 Omissão no conceito de ilicitude de qualquer referência ao Direito da União Europeia 44
         3.2.1.2 Omissão de qualquer referência genérica aos requisitos comunitários da responsabilidade por incumprimento estadual 46

3.2.1.3 Omissão de qualquer referência concreta aos requisitos da responsabilidade por incumprimento estadual fixados pelo Direito da União Europeia 47

3.2.1.4 Omissão de qualquer referência aos elementos relevantes para a aferição do requisito comunitário da *violação suficientemente caracterizada* do Direito da União Europeia 48

3.2.2 Traços de desconformidade específicos dos diferentes regimes de responsabilidade 49

3.2.2.1 Responsabilidade do Estado por incumprimento decorrente do exercício da função administrativa: a alteração ao número 2 do artigo 7.º do Regime introduzida pela Lei n.º 31/2008, de 17 de Julho, e a presunção de culpa leve 49

3.2.2.2 Responsabilidade do Estado por incumprimento decorrente do exercício da função jurisdicional 54

3.2.2.3 Responsabilidade do Estado por incumprimento decorrente do exercício da função político-legislativa 59

3.3 Consequências do incumprimento do Direito da União Europeia consubstanciado na aprovação da Lei n.º 67/2007, de 31 de Dezembro: garantia da legalidade na Ordem Jurídica da União Europeia e tutela dos particulares 62

4. O regime nacional aplicável à efectivação da responsabilidade civil extracontratual do Estado e demais entidades públicas por incumprimento do Direito da União Europeia 67

4.1 Jurisdição competente e direito processual aplicável 67

4.2 O recurso extraordinário de revisão previsto no artigo 771.º, alínea f), do Código de Processo Civil e o Direito da União Europeia 73

4.2.1 Sentido da expressão «instância internacional de recurso» 79

4.2.2 Sentido da expressão «decisão» 82

4.2.3 Sentido da expressão «decisão definitiva» 82

4.2.4 Sentido da expressão «decisão (...) vinculativa para o Estado Português» 84

4.2.5 Sentido da expressão carácter «inconciliável» da decisão da instância internacional de recurso com a decisão nacional transitada em julgado .. 85

4.2.6 A alínea f) do artigo 771.º do Código de Processo Civil e a responsabilidade do Estado português por incumprimento do Direito da União Europeia 86

5. **A efectivação da responsabilidade do Estado português por incumprimento do Direito da União Europeia: concretização jurisprudencial na Ordem Jurídica portuguesa** 93

5.1 Responsabilidade do Estado português por incumprimento imputável à função legislativa 94

    5.1.1 A questão de direito e o incumprimento estadual 94

    5.1.2 A jurisprudência nacional, em especial o acórdão do Supremo Tribunal de Justiça de 27 de Novembro de 2007 95

5.2 Responsabilidade do Estado português por incumprimento imputável à função jurisdicional 100

    5.2.1 A questão de direito e o eventual incumprimento estadual 100

    5.2.1 O acórdão do Supremo Tribunal de Justiça de 14 de Dezembro de 2004: um caso de responsabilidade estadual por incumprimento do Direito da União Europeia imputável à função jurisdicional? 102

6. **Subsídios para a modificação da Lei n.º 67/2007, de 31 de Dezembro e do Regime da responsabilidade civil extracontratual do Estado e demais entidades públicas à luz do Direito da União Europeia** 105

1.

O novo Regime da responsabilidade civil extracontratual do Estado e demais entidades públicas

1.1 Antecedentes

A aprovação e a entrada em vigor da Lei n.º 67/2007, de 31 de Dezembro, que aprovou o Regime da Responsabilidade Civil Extracontratual do Estado e Demais Entidades Públicas[1], representa o culminar de um processo aberto com a aprovação da Constituição de 1976, a qual veio pôr a descoberto a inadequação – e mesmo a inconstitucionalidade superveniente[2] – do diploma então vigente em matéria de responsabilidade civil extracontratual do Estado e demais pessoas colectivas públicas: o Decreto-Lei n.º 48051 de 21 de Novembro de 1967. Com efeito, o princípio constitucional fundamental da responsabilidade civil do Estado e demais entidades públicas contido no artigo 22.º da Constituição da República Portuguesa não se coadunava com a legislação infra-constitucional anterior e então

---

[1] Doravante denominado Regime anexo à Lei n.º 67/2007, de 31/12 ou apenas Regime.

[2] A doutrina sublinhava então que o Decreto-Lei n.º 48051 se deveria considerar em vigor na medida em que não colidisse com a Constituição de 1976 e os preceitos e princípios nela consagrados – v. J. J. GOMES CANOTILHO e VITAL MOREIRA, *Constituição da República Portuguesa Anotada,* vol. I, 2. ed., Coimbra, 1984, p. 87, nota II, e JORGE MIRANDA, *O Regime dos direitos, liberdades e garantias, in* Estudos sobre a Constituição, vol. III, Lisboa, 1979, p. 65, nota 24.

vigente. A aprovação de uma nova lei em matéria de responsabilidade civil extracontratual do Estado e demais entidades públicas impunha-se como uma necessidade imperiosa para a concretização daquele princípio fundamental e, assim, para a concretização do Estado de Direito democrático – sem prejuízo do relevante papel da jurisprudência na concretização do princípio constitucional da responsabilidade do Estado e demais entidades públicas na vigência de uma lei ordinária em parte obsoleta e, porventura, em parte inconstitucional[3].

Foram várias as iniciativas no sentido de substituir o direito infraconstitucional anterior à Constituição de 1976 por uma nova lei conforme com a Lei Fundamental e os seus princípios. Tais iniciativas[4], que se concretizaram em diversos projectos apresentados a partir de Novembro de 2001, por vicissitudes de índole constitucional, não chegaram a ver a luz do dia.

A Proposta de Lei n.º 56/X[5] teve um destino diferente das suas antecessoras, tendo sido, após apreciação em sede de Comissão especializada[6], aprovada por unanimidade pela Assembleia da República (AR), dando origem ao Decreto da Assembleia 150/X[7], que foi enviado para promulgação em 8 de Agosto de 2007. Após o veto político

---

[3] O acórdão do Tribunal Constitucional (TC) N.º 154/07 julgou inconstitucional, por violação do princípio consagrado no art. 22.º da CRP, o artigo 2.º, n.º 1, do Decreto-Lei n.º 48051 interpretado no sentido de que um acto administrativo anulado por falta de fundamentação é insusceptível, absolutamente e em qualquer caso, de ser considerado um acto ilícito, para o efeito de poder fazer incorrer o Estado em responsabilidade civil extracontratual por acto ilícito (v. http://www.tribunalconstitucional.pt).

[4] Cf. Proposta de Lei n.º 95/VIII, Projecto de Lei n.º 148/IX e Proposta de Lei n.º 88/IX, apresentadas, respectivamente, em Novembro de 2001, Outubro de 2002 e Setembro de 2003. Quanto aos trabalhos preparatórios da primeira das referidas iniciativas, promovidos pelo Gabinete de Política Legislativa do Ministério da Justiça, v. AAVV, *Responsabilidade Civil Extra-contratual do Estado, Trabalhos preparatórios da reforma*, Coimbra, Coimbra Editora, 2002; quanto às duas primeiras iniciativas e ao anteprojecto da terceira v. Rui MEDEIROS, *Apreciação Geral dos Projectos, in* Cadernos de Justiça Administrativa, n.º 40, Julho/Agosto 2003 (V Seminário de Justiça Administrativa – Responsabilidade Civil do Estado), p. 8 e ss.

[5] A proposta de lei deu entrada em 20/1/2006 e foi publicada no Diário da AR II Série A N.º 81/X/1, de 28/01/2006, pp. 11-18 (também disponível em http://www.parlamento.pt).

[6] 1.ª – Comissão de Assuntos Constitucionais, Direitos, Liberdades e Garantias.

[7] Publicado do Diário da AR II Série A N.º 124/X/2, de 2/8/2007, pp. 2-7.

do Presidente da República, o decreto foi reapreciado pela Assembleia da República nos termos constitucionalmente previstos, e aprovado com alterações em reunião plenária[8], em 18 de Outubro de 2007, dando origem ao Decreto da Assembleia 171/X[9]. A Lei foi promulgada em 10 de Dezembro de 2007, referendada na mesma data e publicada no Diário da República de 31 de Dezembro de 2007[10] – como Lei n.º 67/2007, de 31 de Dezembro.

A entrada em vigor da Lei foi fixada para 30 dias após a data da sua publicação, ou seja, 30 de Janeiro de 2008 – revogando o Decreto-Lei n.º 48051, de 21 de Novembro de 1967[11].

Tratando-se, por um lado, de uma Lei indispensável à concretização de um princípio fundamental da Constituição Portuguesa fruto de um processo de génese maturado, e por outro lado, de uma Lei revogatória de um regime legal com quarenta anos de vigência, seria de esperar que o novo Regime da Responsabilidade Civil Extracontratual do Estado e demais Entidades Públicas por ela aprovado se apresentasse como um regime estável capaz de cumprir a sua missão no quadro do ordenamento jurídico-constitucional português.

Todavia, decorridos menos de seis meses sobre o início da sua vigência, o novo Regime sofreu uma primeira alteração introduzida pela Lei n.º 31/2008, de 17 de Julho[12-13]. Este diploma veio alterar,

---

[8] O decreto foi aprovado com os votos a favor do BE, CDS-PP, PCP, PEV e PS. As alterações aprovadas referem-se aos artigos 1.º, n.º 1, e 15.º, n.º 3 (eliminação da parte final).

[9] Publicado do Diário da AR II Série A N.º 16/X/3, de 14/11/2007, pp. 2-6.

[10] Diário da República (DR), 1.ª Série, N.º 251, de 31 de Dezembro de 2007, p. 9117 c ss.

[11] Cf. art. 5.º da Lei n.º 67/2007, de 31/12. Este artigo revoga também os artigos 96.º e 97.º da Lei n.º 169/99, de 18 de Setembro, na redacção da Lei n.º 5-A/2002, de 11 de Janeiro, que estabelece o regime jurídico do funcionamento dos órgãos dos municípios e das freguesias bem como as respectivas competências. Os artigos 96.º e 97.º deste diploma previam, respectivamente, a responsabilidade funcional e a responsabilidade pessoal das autarquias locais e dos titulares dos seus órgãos e agentes.

[12] DR, 1ª série N.º 137 de 17 de Julho de 2008, p. 4454.

[13] A proposta de lei N.º 195/X, que lhe deu origem, deu entrada em 22/4/2008, foi admitida em 24/4/2008 e publicada no Diário da AR II Série N.º 90/X/3 de 2/5/2008 (pp. 60-61). A votação final global teve lugar em 23/5/2008, tendo a proposta sido aprovada como Decreto da Assembleia 212/X, publicado no Diário da AR II Série N.º 111//X/3, de 9/6/2008 – v. http://parlamento.pt. A promulgação teve lugar em 1/7/2008 e a referenda em 2/7/2008.

com efeitos retroactivos[14], o artigo 7.º, n.º 2, do Regime anexo à Lei n.º 67/2007, de 31 de Dezembro – em matéria de responsabilidade civil por danos decorrentes do exercício da função administrativa (responsabilidade por facto ilícito) – tendo em conta o desfecho da segunda acção por incumprimento intentada pela Comissão contra Portugal no Tribunal de Justiça das Comunidades Europeias (TJ)[15] e relacionada com a transposição da Directiva "recursos"[16], que se traduziu na condenação do Estado português no pagamento de uma sanção pecuniária compulsória diária de 19392 euros[17].

A primeira alteração à Lei n.º 67/2007, de 31 de Dezembro, pôs a descoberto a desconformidade entre o Direito Nacional em matéria de responsabilidade do Estado e demais entidades públicas e o Direito da União Europeia – uma desconformidade entre várias outras, já que a Lei n.º 67/2007 nasceu desconforme com o Direito da União Europeia em vários aspectos[18] [19]. E, além disso, não se afigura evidente

---

[14] Nos termos do art. 2.º da Lei n.º 31/2008, de 17 de Julho, a mesma lei produz efeitos desde a data de entrada em vigor da Lei n.º 67/2007, de 31 de Dezembro.

[15] Ac. do Tribunal de Justiça (Primeira Secção) de 10 de Janeiro de 2008, *Comissão das Comunidades Europeias c. República Portuguesa*, proc.º C-70/06, não publicado (v. http://curia.europa.eu). O primeiro acórdão por incumprimento proferido pelo TJ contra Portugal data de 14 de Outubro de 2004 (Terceira Secção), *Comissão c. Portugal*, proc.º C-275/03, não publicado (v. http://curia.europa.eu).

[16] Directiva 89/665/CEE do Conselho, de 21 de Dezembro de 1989, que coordena as disposições legislativas, regulamentares e administrativas relativas à aplicação dos processos de recurso em matéria de adjudicação dos contratos de direito público de obras e fornecimentos (JO L 395, p. 33), modificada pelas Directivas 92/50/CEE do Conselho de 18/6/1992 e 2007/66/CE do Parlamento Europeu e do Conselho de 11/12/2007 – conhecida por Directiva "recursos".

[17] Tal relação causal entre o acórdão do TJ de 10/1/2008 e a Lei que altera o Regime da Responsabilidade Civil do Estado decorre expressamente do preâmbulo da Proposta de Lei N.º 195/X – cf. os respectivos parágrafos quarto e quinto.

[18] O mesmo defendemos quanto à proposta de lei n.º 56/X – v. Maria José RANGEL DE MESQUITA, *A proposta de Lei n.º 56/X em matéria de responsabilidade civil extra-contratual do Estado e demais entidades públicas: notas breves à luz do Direito da União Europeia*, in Estudos em Homenagem ao Professor Doutor Marcello Caetano, Coimbra, Coimbra Editora, 2006, p. 253 e ss.

[19] Em sentido oposto, entendendo que o novo regime aprovado «(...) não fere o direito europeu não se prevendo por esse lado conflitos maiores», Luís CABRAL DE MONCADA, *Responsabilidade Civil Extra-contratual do Estado. A Lei N.º 67/2007 de 31 de Dezembro*, Lisboa, Edição Abreu & Marques, Vinhas e Associados – Sociedade de Advogados RL, 2008, p. 17.

que a alteração introduzida pela Lei n.º 31/2008, de 17 de Julho, respeite plenamente o Direito da União Europeia quanto ao aspecto particular que visou regular[20].

1.2 Traços gerais

A Lei n.º 67/2007, de 31 de Dezembro, que aprova o novo Regime da responsabilidade civil extracontratual do Estado e demais entidades públicas não ignora alguns traços do regime legal revogado, mas contém também alguns traços apresentados como sendo inovadores que concretizam o princípio constitucional vigente na matéria.

Movida pela necessidade de «adaptar o regime da responsabilidade civil extracontratual às exigências ditadas pela Constituição da República», a Proposta de Lei n.º 56/X que esteve na origem do novo regime aprovado propunha-se: i) aperfeiçoar o regime da responsabilidade pelo exercício da *função administrativa*, em especial estendendo o campo de aplicação do regime da responsabilidade solidária ao domínio das condutas praticadas com culpa grave; ii) estabelecer um regime geral da responsabilidade pelo exercício da *função jurisdicional*; iii) introduzir um regime inovador em matéria de responsabilidade pelo exercício das *funções política e legislativa*; iv) prever um regime de *indemnização pelo sacrifício* não circunscrito ao exercício da função administrativa; v) transformar o *direito de regresso*, quando exista, num poder de exercício vinculado[21].

Os objectivos traçados pela Proposta de Lei estão concretizados no novo Regime jurídico aprovado: a estrutura do novo regime comporta, além de um capítulo dedicado às «Disposições Gerais»[22], onde se dispõe, entre outros aspectos, sobre a obrigatoriedade do direito de regresso[23], mais quatro capítulos dedicados, sucessivamente à «Responsabilidade civil por danos decorrentes do exercício da função

---

[20] V. *infra* 3.2.2.1
[21] Vide a exposição de motivos da Proposta de Lei n.º 56/X, cit.
[22] Capítulo I – arts. 1.º a 6.º.
[23] Cf. art. 6.º.

administrativa»[24], à «Responsabilidade civil por danos decorrentes do exercício da função jurisdicional»[25], à «Responsabilidade civil por danos decorrentes do exercício da função político-legislativa»[26] e, ainda, à «Indemnização pelo sacrifício»[27].

Mantendo a diferenciação entre actuações administrativas que dão lugar a uma responsabilidade regida por disposições de direito público e actuações administrativas que dão lugar a uma responsabilidade regida por disposições de direito privado, o âmbito do novo regime circunscreve-se à definição do regime de *direito público* da responsabilidade civil extracontratual das entidades públicas e o regime consagrado prevê que só existe responsabilidade directa do titular do órgão, funcionário ou agente (e direito de regresso sobre ele) no caso de dolo ou culpa grave. O regime aprovado aplica-se a pessoas colectivas de direito público e de direito privado quando a respectiva responsabilidade resulte de actuações no exercício de prerrogativas de poder público ou reguladas por disposições e princípios de *direito administrativo*[28].

Em relação à responsabilidade pelo exercício da *função administrativa*, as principais alterações consagradas – além da já mencionada extensão do campo de aplicação do regime da responsabilidade solidária ao domínio das condutas praticadas com culpa grave[29] – prendem-se com: i) a consagração da responsabilidade da Administração pelo funcionamento anormal dos seus serviços (*faute du service*)[30];

---

[24] Capítulo II – arts. 7.º a 11º. Este Capítulo comporta duas secções: a Secção I, dedicada à responsabilidade por facto ilícito (arts. 7.º a 10.º) e a Secção II, dedicada à responsabilidade pelo risco (art.º 11.º).

[25] Capítulo III – arts. 12.º a 14.º.

[26] Capítulo IV – arts. 15.º.

[27] Capítulo V – art. 16.º

[28] V. art. 1.º, n.º 5, do Regime anexo à Lei n.º 67/2007, de 31/12.

[29] Cf. art. 8.º do Regime anexo à Lei n.º 67/2007, de 31/12.

[30] Cf. art. 7.º, n.º 3 e n.º 4, do Regime anexo à Lei n.º 67/2007, de 31/12 – a jurisprudência, na vigência da lei anterior, admitia já tal responsabilidade (v. Maria José RANGEL DE MESQUITA, José Luís MOREIRA DA SILVA, Luís BARBOSA RODRIGUES e António DIAS GARCIA, *Quatro décadas de jurisprudência sobre a responsabilidade extracontratual da Administração Pública: dos anos 50 aos anos 80*, in FAUSTO DE QUADROS (coord.), Responsabilidade Civil Extracontratual da Administração Pública, 2.ª ed., Coimbra, Almedina, 2004, pp. 296-297 e p. 304 e José Luís MOREIRA DA SILVA, *Actualização de jurisprudência*, in FAUSTO DE QUADROS (coord.), Responsabilidade..., p. 313.

ii) a introdução de um regime de presunção de culpa (leve) nos casos em que os danos são causados por actos jurídicos (incluindo actos administrativos e actos de conteúdo normativo) ilícitos[31].

Quanto à responsabilidade por danos resultantes do exercício da *função jurisdicional*, o regime consagrado vai no sentido de estender ao domínio da administração da justiça o regime da responsabilidade civil da Administração, com duas ressalvas: o regime próprio do erro judiciário e a inadmissibilidade de os magistrados judiciais e do Ministério Público responderem directamente pelos ilícitos que cometam com dolo ou culpa grave[32].

Relativamente à responsabilidade do Estado e das Regiões Autónomas pelo exercício da *função política* e da *função legislativa*, consagra-se um regime de responsabilidade por factos (acções e algumas omissões) ilícitos assente numa identificação das situações de ilicitude, no afastamento do conceito civilístico de culpa, no carácter anormal dos danos causados, na apreciação da existência da responsabilidade atendendo às circunstâncias do caso e, ainda, na possibilidade de limitação do âmbito da obrigação de indemnizar quando os lesados forem em número elevado e tal se justifique por razões de interesse público de excepcional relevo[33]. Acresce que a responsabilidade decorrente da omissão de providências legislativas para tornar exequíveis normas constitucionais dependerá da prévia verificação de inconstitucionalidade por omissão pelo Tribunal Constitucional[34].

Por último, quanto à *indemnização pelo sacrifício*, consagra-se o dever de o Estado e as demais pessoas colectivas públicas indemnizarem todos aqueles a quem, por razões de interesse público, imponham encargos ou causem danos especiais e anormais – sem circunscrever todavia o regime instituído ao exercício da função administrativa[35].

---

[31] Cf. arts. 9.º, n.º 1, e 10.º, n.º 2, do Regime anexo à Lei n.º 67/2007, de 31/12. V. também o n.º 3 do art. 10.º quanto à presunção de culpa leve no caso de incumprimento de deveres de vigilância.

[32] Cf., respectivamente, arts. 12.º, 13.º e 14.º do Regime anexo à Lei n.º 67/2007, de 31/12.

[33] Cf. art. 15.º, n.os 1 a 4, e 6, do Regime anexo à Lei n.º 67/2007, de 31/12.

[34] Cf. art. 15.º, n.º 5, do Regime anexo à Lei n.º 67/2007, de 31/12.

[35] Cf. art. 16.º do Regime anexo à Lei n.º 67/2007, de 31/12.

Se apresenta traços inovadores de relevo, em especial a consagração da responsabilidade decorrente do exercício das funções jurisdicional, política e legislativa, o novo Regime aprovado não deixa também de estar isento de algumas considerações críticas, quer no quadro do ordenamento jurídico português, quer no quadro da sua articulação com o Direito da União Europeia[36]. Algumas considerações críticas que se poderão formular quanto ao novo Regime aprovado prendem-se com: i) o não acolhimento do regime de execução de sentença para pagamento de quantia certa consagrado no Código de Processo nos Tribunais Administrativos (CPTA)[37]; ii) a pouco clara articulação, em matéria de direito de regresso, entre a disposição que prevê que o exercício do direito de regresso, quando previsto, é obrigatório[38], e o artigo 14.º, n.º 2, que regula o direito de regresso sobre os magistrados no âmbito da responsabilidade por danos decorrentes do exercício da função jurisdicional – que, contrariamente àquela disposição, parece configurar o exercício do direito de regresso como um poder de exercício *não* vinculado; iii) a previsão expressa da concessão de indemnização – que sempre resultaria do regime geral da responsabilidade decorrente do exercício da função administrativa por facto ilícito – por violação de norma ocorrida no âmbito de procedimento de formação dos contratos referidos no artigo 100.º do CPTA, com exclusão de outros relevantes[39]; iv) a alusão, em

---

[36] Considerações que, no essencial, tivemos a oportunidade de transmitir à Comissão especializada competente da Assembleia da República, em audição realizada em 30/5/2006. A esta questão nos referiremos posteriormente – infra, 3.2.

[37] Cf. art. 3.º, n.º 1, da Lei n.º 67/2007, de 31/12, e artigo 170.º, n.º 2, do CPTA.

[38] Cf. art. 6.º do Regime anexo à Lei n.º 67/2007, de 31/12.

[39] Cf. art. 7.º, n.º 2, do Regime anexo à Lei n.º 67/2007, de 31/12. É certo que a disposição em causa – bem como a disposição do CPTA nela referida (o artigo 100.º) – se prenderá com as imposições do Direito Comunitário vigente em matéria de contratos públicos, em concreto com o disposto na Directiva "recursos" – Directiva 89/665/CEE do Conselho, de 21 de Dezembro de 1989, cit. Com efeito, o artigo 2.º, n.º 1, c), daquela Directiva impõe aos Estados a adopção de medidas que permitam conceder indemnizações às pessoas lesadas por uma violação do Direito Comunitário em matéria de contratos públicos (vide também o art. 2.º, n.º 1, d), da Directiva 92/13/CEE do Conselho de 25 de Fevereiro de 1992 relativa à coordenação das disposições legislativas, regulamentares e administrativas respeitantes à aplicação das regras comunitárias em matéria de procedimentos de celebração de contratos de direito público pelas entidades que operam nos sectores da água, da energia, dos transportes e das telecomunicações, JO L 76, de 23/03/1992,

matéria de responsabilidade decorrente do exercício da função jurisdicional, ao direito consagrado no n.º 4 do artigo 20.º da Constituição[40] («violação do direito a uma decisão judicial em prazo razoável»), porventura redundante em razão da remissão efectuada no artigo 12.º para o regime da responsabilidade por factos ilícitos cometidos no exercício da função administrativa, que abrange a violação de «disposições ou princípios constitucionais»[41]; v) a dependência, em matéria de responsabilidade por danos decorrentes da função político-legislativa, da constituição em responsabilidade fundada na omissão de providências legislativas necessárias para tornar exequíveis normas constitucionais da prévia verificação da inconstitucionalidade por omissão pelo Tribunal Constitucional[42], porventura dificultando ou mesmo impedindo[43] o direito fundamental de acesso ao direito e aos tribunais previsto no artigo 20.º da Constituição; vi) a omissão, no conceito de ilicitude para efeitos de responsabilidade por danos decorrentes do exercício da função administrativa, de qualquer referência ao Direito da União Europeia, nomeadamente direito originário e direito derivado, e ao Direito Internacional.

---

p. 14 e ss.). Não obstante se compreender, do ponto de vista do Direito da União Europeia, o disposto no artigo em causa do Regime aprovado, não se vislumbra a razão da consagração, *a contrario,* de um tratamento diferente, do ponto de vista da responsabilidade decorrente do exercício da função administrativa por factos ilícitos, entre esses contratos sujeitos ao Direito Comunitário em matéria de contratos públicos e outros contratos que, ainda que não estejam sujeitos a tais regras comunitárias de direito derivado, estarão sujeitos aos princípios fundamentais dos Tratados comunitários, e têm hoje uma relevância indiscutível, nomeadamente concessões (ou sub-concessões) de serviços ou contratos complexos no âmbito, por exemplo, de parcerias público-privadas, contratuais ou institucionalizadas.

[40] Introduzido pela quarta revisão constitucional de 1997 – e também consagrado pelo artigo 6.º, n.º 1, da Convenção Europeia dos Direitos do Homem.

[41] Cf. art. 12.º do Regime anexo à Lei n.º 67/2007, de 31/12.

[42] Cf. art. 15.º, n.º 5, do Regime anexo à Lei n.º 67/2007, de 31/12. Em sentido oposto veja-se o Acórdão do Tribunal Constitucional N.º 238/97 (v. http://www.tribunalconstitucional.pt).

[43] Tendo em conta a legitimidade restrita para o desencadeamento do processo de fiscalização da inconstitucionalidade por omissão. Com efeito, tal legitimidade está restringida, nos termos do artigo 283.º, n.º 1, da Constituição, ao Presidente da República, ao Provedor de Justiça ou, com fundamento em violação de direitos das regiões autónomas, aos presidentes das Assembleias Legislativas das regiões autónomas.

2.
Os regimes da responsabilidade civil extracontratual do Estado e demais entidades públicas: alterações principais

2.1 Responsabilidade civil por danos decorrentes do exercício da função administrativa

O regime substantivo da responsabilidade civil por danos decorrentes do exercício da função administrativa consta do Capítulo II do Regime anexo à Lei n.º 67/2007, de 31 de Dezembro.

O objectivo que presidiu ao novo Regime, de aperfeiçoar o regime da responsabilidade pelo exercício da *função administrativa*, apresenta várias vertentes, quer no âmbito da responsabilidade por facto ilícito, quer no âmbito da responsabilidade pelo risco.

2.1.1 *Responsabilidade por facto ilícito*

Em matéria de responsabilidade por facto ilícito, o artigo 7.º, n.º 1 estabelece um princípio geral de responsabilidade *exclusiva* do Estado e demais pessoas colectivas públicas por danos resultantes de acções ou omissões ilícitas cometidas com *culpa leve*, pelos titulares dos seus órgãos, funcionários e agentes, no exercício da função administrativa e por causa desse exercício.

A responsabilidade exclusiva do Estado e demais entidades públicas passa a abranger ainda, e com carácter *inovador*, os danos resultantes do funcionamento anormal dos seus serviços (*faute du service*)

– o qual existe quando «atendendo às circunstâncias e a padrões médios de resultado, fosse razoavelmente exigível ao serviço uma actuação susceptível de evitar os danos produzidos»[44].

O novo regime prevê agora a responsabilidade *solidária* do Estado e demais entidades públicas e dos titulares de órgãos funcionários ou agentes quando os danos resultem de acções ou omissões ilícitas por eles cometidas com *dolo ou culpa grave* – isto é, com diligência e zelo manifestamente inferiores àqueles a que se encontravam obrigados em razão do cargo – no exercício das suas funções e por causa desse exercício e sem prejuízo do direito de regresso. Quando assim não sucede, existirá responsabilidade exclusiva dos titulares dos órgãos, funcionários e agentes[45].

O novo Regime *inova* em relação ao anterior na medida em que estende o campo de aplicação do regime da responsabilidade solidária ao domínio das condutas praticadas com culpa grave[46].

O regime de solidariedade no tocante às relações externas não prejudica o exercício do direito de regresso nas relações internas que passa a ser *obrigatório* nos casos em que se encontra previsto na nova Lei[47].

Quanto ao conceito de *ilicitude*, o novo regime considera ilícitas «as acções ou omissões dos titulares dos órgãos, funcionários e agentes que violem disposições ou princípios constitucionais, legais ou regulamentares ou infrinjam regras de ordem técnica ou deveres objectivos de cuidado e de que resulte a ofensa de direitos legalmente protegidos»[48-49]. Considera-se ainda existir ilicitude quando tal ofen-

---

[44] V. n.os 3 e 4 do art. 7.º do Regime.

[45] Tal resulta do art. 8.º, n.os 1, 2 e 3 do Regime.

[46] O art. 3.º, n.º 2, do Decreto-Lei n.º 48051 apenas previa a responsabilidade solidária no caso de procedimento doloso (e não de culpa grave – caso em que haveria responsabilidade exclusiva dos titulares de órgãos, funcionários e agentes).

[47] V. art. 6.º, n.º 1, do Regime anexo à Lei n.º 67/2007, de 31/12. Para o efeito o novo Regime impõe à secretaria do Tribunal que tenha condenado a pessoa colectiva que remeta certidão da sentença, após o trânsito em julgado, à entidade ou às entidades competentes para o exercício do direito de regresso (v. n.º 2 do mesmo artigo).

[48] V. art. 9.º, n.º 2, do Regime anexo à Lei n.º 67/2007, de 31/12.

[49] Relativamente ao conceito de ilicitude anteriormente consagrado pelo art. 6.º do Decreto-Lei n.º 48051, são de salientar os novos aspectos seguintes: i) a referência expressa à ofensa de direitos e interesses legalmente protegidos; ii) a consagração expressa das omissões; iii) a eliminação da distinção entre actos jurídicos e materiais, passando a ser

sa de direitos e interesses legalmente protegidos resulte do funcionamento anormal do serviço[50] – trata-se de uma consequência da consagração da responsabilidade exclusiva por *faute du service*.

Em relação ao requisito da *culpa*, é de salientar que a apreciação da culpa deixa de ser feita nos termos do Código Civil[51]. Assim, a culpa deve doravante ser apreciada «pela diligência e zelo que seja razoável exigir, em função das circunstâncias de cada caso, de um titular de órgão, funcionário ou agente zeloso e cumpridor»[52]. A principal consequência desta alteração prende-se, naturalmente, com a prova do requisito da culpa.

Continua no entanto a aplicar-se a regra segundo a qual no caso de existir pluralidade de responsáveis, é aplicável o disposto no artigo 497.º do Código Civil.

Nos termos do novo Regime estabelece-se, sem prejuízo da demonstração de dolo ou culpa grave, uma *presunção de culpa – leve* – nos casos em que são praticados actos jurídicos (incluindo actos administrativos e actos de conteúdo normativo) ilícitos[53].

2.1.2 *Responsabilidade pelo risco*

O regime da responsabilidade pelo risco traz algumas alterações significativas em relação ao regime anterior[54], designadamente a relevância da prática de facto culposo de terceiro.

---

empregue a expressão «acções»; iv) a referência expressa à violação de normas e princípios de índole constitucional; v) a referência à violação de deveres objectivos de cuidado.

[50] V. art. 9.º, n.º 2 do Regime anexo à Lei n.º 67/2007, de 31/12.
[51] Assim dispunha o art. 4.º, n.º 1, do Decreto-Lei n.º 48051.
[52] Assim dispõe o n.º 1 do art. 10.º do Regime anexo à Lei n.º 67/2007, de 31/12.
[53] Cf. arts. 9.º, n.º 1, e 10.º, n.º 2, do Regime anexo à Lei n.º 67/2007, de 31/12 – aproximando-se o direito infra-constitucional da prática dos tribunais administrativos, que vinham entendendo que a culpa é inerente à prática de actos jurídicos ilegais pela Administração, reconduzindo a culpa à ilicitude (vide Maria José RANGEL DE MESQUITA, José Luís MOREIRA DA SILVA, Luís BARBOSA RODRIGUES e António DIAS GARCIA, *Quatro décadas...*, in Fausto de QUADROS (coord.), Responsabilidade..., p. 305 e José Luis MOREIRA DA SILVA, *Actualização...*, in Fausto de QUADROS (coord.), Responsabilidade..., p. 312).
[54] Cf. art. 8.º do Decreto-Lei n.º 48051, de 21 de Novembro de 1967.

Mantém-se em termos gerais o princípio anterior segundo o qual o Estado e as demais pessoas colectivas respondem pelos dados decorrentes de *serviços, coisas e actividades especialmente*[55] *perigosas,* salvo quando nos termos gerais se provar que houve força maior ou culpa do lesado – podendo neste último caso o tribunal reduzir ou excluir a indemnização.

Inova-se agora ao prever que quando um facto culposo de terceiro tenha concorrido para a produção ou o agravamento dos danos o Estado e as demais entidades públicas respondem *solidariamente* com o terceiro, sem prejuízo do direito de regresso[56].

2.2 Responsabilidade civil por danos decorrentes do exercício da função jurisdicional

O regime substantivo da responsabilidade civil por danos decorrentes do exercício da função jurisdicional consta do Capítulo III do Regime anexo à Lei n.º 67/2007, de 31 de Dezembro. Trata-se de uma inovação de grande relevo, em consonância com o princípio consagrado pelo artigo 22.º da Constituição.

Não obstante a natureza específica da função jurisdicional, o regime geral aplicável à responsabilidade civil por danos decorrentes do seu exercício – danos ilicitamente causados pela administração da justiça – é o regime da responsabilidade por factos ilícitos cometidos no exercício da função administrativa[57].

As duas únicas excepções à aplicação de tal regime dizem respeito à responsabilidade por erro judiciário e à responsabilidade dos magistrados.

---

[55] O art. 8.º do Decreto-Lei n.º 48051, de 21 de Novembro de 1967 usava a expressão *excepcionalmente*. A nova redacção traduz-se num alargamento do âmbito da responsabilidade pelo risco. Vide, no sentido da alteração do carácter excepcional para *especial*, Margarida CORTEZ, *Contributo para uma reforma da lei da responsabilidade civil da Administração, in* AAVV, *Responsabilidade...*, cit., p. 262.

[56] Anteriormente este caso – culpa de terceiro – seguia o regime previsto para o caso de culpa da vítima, ou seja, determinação da responsabilidade segundo o grau de culpa de cada um (art. 8.º do Decreto-Lei n.º 48051, de 21 de Novembro de 1967).

[57] V. art. 12.º Regime anexo à Lei n.º 67/2007, de 31/12 – que se traduz numa remissão para o disposto nos arts. 7.º a 10.º do mesmo Regime.

No primeiro caso, o novo Regime estipula que o Estado é civilmente responsável pelos danos decorrentes de decisões jurisdicionais manifestamente inconstitucionais ou ilegais ou injustificadas por erro grosseiro na apreciação dos respectivos pressupostos de facto[58]. Neste caso, deve o pedido de indemnização ser fundado na prévia revogação da decisão danosa pela jurisdição competente[59].

Quanto à responsabilidade dos magistrados, o novo Regime prevê que os magistrados judiciais e do Ministério Público não podem ser *directamente* responsabilizados pelos actos que pratiquem no exercício das respectivas funções, sem prejuízo do direito de regresso do Estado quando aqueles tenham agido com *dolo ou culpa grave*[60].

As novas regras consagradas pelo legislador nesta matéria traduzem uma verdadeira inovação em relação ao regime anterior – e em plena consonância com o princípio consagrado pelo artigo 22.º da Constituição vigente[61].

2.3 Responsabilidade civil por danos decorrentes do exercício da função político-legislativa

O regime substantivo da responsabilidade civil por danos decorrentes do exercício da função político-legislativa consta do Capítulo IV do Regime anexo à Lei n.º 67/2007, de 31 de Dezembro.

Os traços fundamentais do regime instituído afiguram-se os seguintes: i) responsabilidade do Estado e das regiões autónomas pelos danos anormais que causarem aos direitos ou interesses legal-

---

[58] Sem prejuízo do regime especial aplicável aos casos de sentença penal condenatória injusta e de privação injustificada da liberdade – previstos, respectivamente, nos artigos 29.º, n.º 6, e 27.º, n.º 5, da CRP e concretizados nos artigos 449.º e 462.º, e 225.º, do Código de Processo Penal. Vide, quanto à concretização jurisprudencial dos artigos 27.º da CRP e 225.º do CPP, no sentido de a responsabilidade depender de «erro grosseiro», os acórdãos do Supremo Tribunal de Justiça (STJ) de 19/10/2004 (proc. 04B2543), de 22/1/2008 (proc. 07A2381) e, ainda, de 11/9/2008 (proc. 08B1747) – v. http://www.dgsi.pt/jsts.nsf.

[59] V. art. 13.º, n.º 1 e n.º 2, do Regime.

[60] V. art. 14.º, n.º 1, do Regime.

[61] Vide Maria José RANGEL DE MESQUITA, *A Responsabilidade por Actos Jurisdicionais*, in Estudos em Homenagem ao Professor Doutor Martim de Albuquerque (em curso de publicação).

mente protegidos dos cidadãos por actos praticados no âmbito da função político-legislativa e desconformes com a Constituição, o direito internacional, o direito comunitário ou acto legislativo de valor reforçado[62]; ii) responsabilidade do Estado e das regiões autónomas pelos danos anormais que causarem aos direitos ou interesses legalmente protegidos dos cidadãos por omissão de providências legislativas necessárias para tornar exequíveis normas constitucionais – e sujeita à condição de prévia verificação de inconstitucionalidade por omissão pelo Tribunal Constitucional[63]; iii) determinação da existência e da extensão da responsabilidade atendendo às circunstâncias concretas de cada caso – e designadamente, ao grau de clareza e precisão da norma violada, ao tipo de inconstitucionalidade e ao facto de terem sido adoptadas ou omitidas diligências susceptíveis de evitar a situação de ilicitude[64]; iv) a possibilidade de fixação equitativa da obrigação de indemnizar em montante inferior ao que corresponderia à reparação integral dos danos causados quando os lesados forem em tal número que, por razões de interesse público de excepcional relevo, se justifique a limitação do âmbito daquela obrigação de indemnizar[65].

O regime da responsabilidade do Estado – e das regiões autónomas – por factos (acções ou omissões) ilícitos assenta, assim: numa identificação das situações de ilicitude (desconformidade com a Constituição, o direito internacional, o direito comunitário ou acto legislativo de valor reforçado, por um lado, e omissão de providências legislativas necessárias para tornar exequíveis normas constitucionais, objecto de prévia verificação de inconstitucionalidade pelo Tribunal Constitucional, por outro); no afastamento do conceito civilístico de culpa enquanto pressuposto da obrigação de indemnizar; no carácter *anormal* dos danos causados, enquanto requisito da obrigação de indemnizar; na apreciação casuística da existência e da extensão da responsabilidade de acordo com um conjunto de elementos enunciados de forma não taxativa; e, ainda, na possibilidade de limitação do

---

[62] Art. 16.º, n.º 1, do Regime.
[63] Art. 16.º, n.ºs 3 e 5, do Regime.
[64] Art. 16.º, n.º 4, do Regime.
[65] Art. 16.º, n.º 6, do Regime.

âmbito da obrigação de indemnizar quando os lesados forem em número elevado e tal se justifique por razões de interesse público de excepcional relevo.

2.4 Indemnização pelo sacrifício

Por último, o regime substantivo da indemnização pelo sacrifício consta do Capítulo V do Regime anexo à Lei n.º 67/2007, de 31 de Dezembro.

O regime ora consagrado aproxima-se e retoma, em parte, o regime anterior relativo à responsabilidade do Estado e demais pessoas colectivas públicas por facto lícito[66]. Deixa de consagrar-se a distinção entre, por um lado, a imposição de encargos ou prejuízos especiais e anormais causados por actos administrativos legais ou actos materiais lícitos praticados no interesse geral e, por outro lado, o sacrifício especial, no todo ou em parte, de coisa ou direito de terceiro, em caso de necessidade e por motivo de imperioso interesse público.

A indemnização aos particulares pelo sacrifício reporta-se à imposição de encargos ou danos *especiais e anormais* causados por razões de interesse público e independentemente da função do Estado em causa. Neste caso, deve atender-se, para o cálculo da indemnização, nomeadamente, ao grau de afectação do conteúdo substancial do direito ou interesse violado ou sacrificado[67].

---

[66] E consagrado no art. 9º do Decreto-Lei n.º 48051, de 21 de Novembro de 1967.
[67] Cf. art. 16.º do Regime anexo à Lei n.º 67/2007, de 31/12.

3.

O Regime da responsabilidade civil extracontratual do Estado e demais entidades públicas e o Direito da União Europeia

Qualquer regime jurídico infra-constitucional em matéria de responsabilidade civil extracontratual do Estado que pretendesse substituir o Decreto-Lei n.º 48051 e concretizar o princípio fundamental da responsabilidade do Estado e demais pessoas colectivas públicas constitucionalmente consagrado não poderia, nem deveria, ignorar o Direito da União Europeia em matéria de responsabilidade civil extracontratual dos Estados membros por incumprimento do mesmo, quer por acção, quer por omissão, e imputável a qualquer das funções do Estado. E o mesmo se diga da jurisprudência relevante do Tribunal de Justiça das Comunidades Europeias referente à responsabilidade do Estado por incumprimento imputável ao exercício de qualquer das suas funções. A responsabilidade dos Estados membros por incumprimento, incluindo do Estado português, não é uma mera hipótese teórica, mas sim uma realidade inegável: assim o demonstra quer a jurisprudência do Tribunal de Justiça, em especial relativa ao Estado português, quer a jurisprudência nacional[68].

Por isso, qualquer proposta de lei em matéria de responsabilidade civil extracontratual do Estado teria necessariamente de considerar esta relevante componente da responsabilidade estadual. E não só em termos *materiais* – não conferindo ao princípio um âmbito mais reduzido do que o âmbito que o Direito da União Europeia lhe confere –

---

[68] *Infra*, 5.

mas de igual modo em termos *processuais* – de forma a não tornar impossível ou excessivamente difícil a efectivação do princípio e a obtenção da indemnização através dos tribunais estaduais competentes. A Lei n.º 67/2007, de 31 de Dezembro, ignorou esta realidade, nos seus aspectos essenciais. Por isso, o novo Regime da responsabilidade civil extracontratual do Estado e demais entidades públicas nasceu, em nosso entender, desconforme com o Direito da União Europeia – em violação quer do princípio da lealdade comunitária, na sua vertente negativa, quer do princípio do primado, em particular quanto ao seu efeito «bloqueador»[69] de «impedir a formação válida de novos actos legislativos nacionais na medida em que sejam incompatíveis com normas comunitárias»[70].

A desconformidade entre o novo Regime aprovado pela Lei n.º 67/2007 e o Direito da União Europeia, em especial de fonte jurisprudencial, manifesta-se ao nível do regime legal da responsabilidade consagrado relativamente a *todas* as funções do Estado: administrativa – por facto ilícito –, jurisdicional e político-legislativa.

Quanto à responsabilidade por danos resultantes do exercício da *função administrativa*, a desconformidade com o Direito da União Europeia traduz-se nos seguintes aspectos principais: i) na omissão, no conceito de ilicitude para efeitos de responsabilidade por danos decorrentes do exercício da função administrativa, de qualquer referência ao Direito da União Europeia, nomeadamente direito originário e direito derivado[71-72]; ii) até à alteração introduzida pela Lei

---

[69] Na expressão de FAUSTO DE QUADROS, *Direito da União Europeia*, Coimbra, Almedina, 2004, p. 402

[70] Cf. Ac. do TJ de 9/3/1978, *Simmenthal*, proc.º 106/77, Rec., p. 629 e ss., n.º 17.

[71] Cf. artigo 9.º, n.º 1, do Regime anexo à Lei n.º 67/2007, de 31/12. O caso da omissão quanto ao Direito da União Europeia é particularmente grave tendo em conta, designadamente, o princípio da administração indirecta, ou o princípio da aplicabilidade directa.

[72] Tal referência consta do regime da responsabilidade por danos decorrentes do exercício da função político-legislativa, concretamente do artigo 15.º, n.º 1 – parece contudo ter sido ignorado o facto de a responsabilidade por acções ou omissões contrários ao Direito da União Europeia poder ser, em teoria, imputável ao exercício da função *administrativa* e, inclusive, da própria função *jurisdicional*. Pense-se, por exemplo, na interpretação ou na aplicação incorrectas, pela Administração, de um regulamento comunitário que reconhece direitos aos particulares, ou, ainda, na recusa na colocação de uma questão prejudicial ao Tribunal de Justiça quando tal conduta seja obrigatória à luz do Direito da União Europeia.

n.º 31/2008, de 17 de Julho, na omissão de qualquer referência aos requisitos comunitários da responsabilidade do Estado por incumprimento; iii) após a modificação introduzida pela Lei n.º 31/2008, de 17 de Julho, na remissão genérica para «os requisitos da responsabilidade civil extracontratual definidos pelo direito comunitário» sem determinação expressa do regime em causa e da fonte relevante de Direito da União Europeia; iv) na omissão de qualquer referência ao requisito comunitário da *violação suficientemente caracterizada* ou *violação manifesta*, bem como aos elementos relevantes para a sua aferição quando o incumprimento é imputável à função administrativa.

Quanto à responsabilidade por danos resultantes do exercício da *função jurisdicional*, a desconformidade com o Direito da União Europeia traduz-se em quatro aspectos: i) na omissão, no conceito de ilicitude, de qualquer referência ao Direito da União Europeia; ii) na omissão de qualquer referência aos requisitos comunitários da responsabilidade do Estado; iii) na omissão de qualquer referência ao requisito comunitário da *violação suficientemente caracterizada* ou *violação manifesta*, bem como aos elementos relevantes para a sua aferição quando o incumprimento é imputável à função jurisdicional; iv) no caso de responsabilidade por erro judiciário, a sujeição do pedido de indemnização à prévia revogação da decisão danosa pela jurisdição competente, fundamento daquele pedido.

Relativamente à responsabilidade por danos resultantes do exercício da *função político-legislativa,* a desconformidade com o Direito da União Europeia traduz-se nos seguintes aspectos: i) na omissão, no conceito de ilicitude, de qualquer referência expressa à omissão de aprovação de actos legislativos de transposição (ou de execução) de actos de direito derivado de Direito da União Europeia[73-74] – em especial de directivas e de decisões-quadro; ii) na omissão de qual-

---

[73] Tendo em conta que o n.º 1 do art. 15.º se refere apenas a «actos» que o Estado e as regiões autónomas «pratiquem», por um lado, e que o n.º 3 da mesma disposição se refere apenas à «omissão de providências legislativas necessárias para tornar exequíveis normas constitucionais» – e não a quaisquer outras omissões imputáveis à função político--legislativa (*infra*, 3.2.2.3).

[74] A transposição de actos de Direito da União Europeia, após a revisão constitucional de 2004, deve ser objecto de acto legislativo: lei, decreto-lei ou decreto legislativo regional (cf. art. 112.º, n.º 8, da CRP).

quer referência aos requisitos comunitários da responsabilidade do Estado por incumprimento; iii) na omissão de qualquer referência ao requisito da *violação suficientemente caracterizada* ou *violação manifesta,* bem como aos elementos relevantes para a sua aferição quando incumprimento é imputável à função legislativa – com excepção da referência ao «grau de clareza e precisão da norma violada», expressão reiterada pela jurisprudência do Tribunal de Justiça[75]; iv) na fixação do carácter anormal do dano enquanto pressuposto da responsabilidade.

Do elenco supra enunciado decorre que o Regime da responsabilidade relativamente a todas as funções do Estado – administrativa, por factos ilícitos, jurisdicional e político-legislativa – apresenta em comum e, em geral, o facto de *ignorar* o princípio comunitário da responsabilidade do Estado por incumprimento do Direito da União Europeia e, em consequência, os requisitos específicos fixados pela jurisprudência do Tribunal de Justiça das Comunidades Europeias, bem como os princípios da equivalência e da efectividade.

Em bom rigor, não se afiguraria estritamente necessário que a nova Lei fizesse uma referência expressa a tal princípio e aos respectivos requisitos – o princípio da lealdade comunitária e, sobretudo, o princípio do primado impõem que os Estados membros o respeitem, ainda que tal princípio seja de índole jurisprudencial, e tenha a sua génese no quadro da interpretação dos Tratados institutivos. A supremacia do princípio comunitário da responsabilidade do Estados membros por incumprimento decorre do princípio do primado e, ainda, da força vinculativa da jurisprudência comunitária enquanto fonte de Direito Comunitário e, assim, dos próprios efeitos materiais dos acórdãos proferidos no âmbito do meio contencioso em que o princípio do primado nasceu e se consolidou: o processo das questões prejudiciais[76].

---

[75] A propósito dos elementos a considerar para a aferição da existência de uma «violação suficientemente caracterizada» do Direito Comunitário enquanto pressuposto da obrigação de indemnizar por parte de um Estado membro – *infra*, 3.1.

[76] Vide em especial os acórdãos do TJ de 15/7/1964, *Costa/E.N.E.L.,* proc.º 6/64, Rec., p. 1141 e ss., de 9/3/1978, *Simmenthal,* cit., e ainda de 19/6/1990, *Factortame,* proc.º 213/89, Col., p. I-2433 e ss.

Todavia, a aprovação de um novo regime da responsabilidade civil extracontratual do Estado e demais entidades públicas não deveria – ou melhor, poderia – ignorar o Direito da União Europeia vigente, desde logo em nome do princípio da certeza e da segurança jurídicas. Se o legislador nacional está, independentemente de consagração expressa no direito nacional, obrigado a respeitar o Direito da União Europeia em matéria de responsabilidade do Estado membro por incumprimento, não deve legislar ignorando tal princípio – sobretudo quando tal ignorância se traduza na consagração de regimes não conformes com Ordem Jurídica da União Europeia.

Em teoria, várias opções metodológicas se apresentariam como possíveis ao legislador, designadamente: i) excepcionar do regime legal nacional a responsabilidade do Estado por incumprimento do Direito da União Europeia, aplicando-se o regime comunitário que prima sobre o direito nacional; ii) contemplar no novo Regime legal uma remissão expressa geral para o regime comunitário – o que o legislador fez após a alteração de 2008, mas apenas quanto a um aspecto do regime nacional da responsabilidade; iii) contemplar, no âmbito do novo Regime, o regime comunitário e respectivos requisitos, designadamente através de uma disposição para o efeito, de carácter geral ou pormenorizada, inserida em sede geral (através de um capítulo autónomo, ou não) ou em sede dos vários regimes contemplados na Lei quanto às diversas funções do Estado[77].

O legislador nacional, na prática, não optou por nenhuma destas vias na versão *originária* do novo Regime: excepcionalmente – a propósito do regime da responsabilidade por danos decorrentes da função político-legislativa – levou em consideração o incumprimento do Direito da União Europeia, no artigo 15.º, n.º 1 e n.º 4, e nunca fazendo, reitere-se, qualquer referência nem ao princípio comunitário em matéria de responsabilidade por incumprimento, nem aos respectivos requisitos a considerar para a respectiva aferição. E quando,

---

[77] Esta foi, por exemplo, a opção tomada pelo legislador nacional no Código dos Contratos Públicos aprovado pelo Decreto-Lei n.º 18/2008, de 29 de Janeiro, a propósito da jurisprudência comunitária em matéria de contratação *in house*: o legislador nacional reproduziu, no art. 5.º, n.º 2, a) e b), no essencial (mas não integralmente), o teor da jurisprudência comunitária.

após a alteração introduzida pela Lei n.º 31/2008, de 17 de Julho, passou a fazer referência aos «requisitos da responsabilidade civil extracontratual definidos pelo direito comunitário» apenas o fez com um âmbito muito limitado – responsabilidade por danos decorrentes da função administrativa por facto ilícito e apenas no âmbito de procedimento administrativo de formação dos contratos referidos no artigo 100.º do Código de Processo dos Tribunais Administrativos – incutindo porventura a ideia de que tais requisitos (e elementos para a sua aferição) não relevam nem quanto aos demais casos desse regime de responsabilidade, nem quanto aos demais regimes de responsabilidade – por danos decorrentes do exercício da função jurisdicional e da função político-legislativa.

Em suma, após a alteração decorrente da Lei n.º 31/2008, de 17 de Julho, as referências ao Direito da União Europeia na Lei n.º 67//2007, de 31 de Dezembro, são efectivamente apenas três: duas expressas – no artigo 7.º, n.º 2, *in fine,* e no artigo 15.º, n.º 1, do Regime anexo à Lei – e uma implícita – no artigo 15.º, n.º 4, do mesmo Regime[78].

Por isso o legislador ignora em regra o Direito da União Europeia na matéria, inclusive estabelecendo disposições com ele incompatíveis ou desconformes.

A apreciação de cada um dos pontos gerais e especiais de desconformidade entre o Regime aprovado pela Lei n.º 67/2007, de 31 de Dezembro, e o Direito da União Europeia pressupõe uma referência prévia ao Direito da União Europeia vigente, de fonte jurisprudencial, em matéria de responsabilidade dos Estados membros por incumprimento.

---

[78] Estas disposições referem-se, respectivamente a «requisitos da responsabilidade civil extracontratual definidos pelo direito comunitário», desconformidade com o «direito comunitário» e, ainda, «grau de clareza e precisão da norma violada».

3.1 Génese e evolução do princípio comunitário da responsabilidade dos Estados membros por incumprimento do Direito da União Europeia: do acórdão *Francovich* ao acórdão *Traghetti*

O princípio da responsabilidade dos Estados membros por incumprimento do Direito Comunitário[79] não nasceu com a letra dos Tratados institutivos das Comunidades Europeias, mas sim da jurisprudência criadora do Tribunal de Justiça das Comunidades Europeias, de forma a não deixar sem tutela os direitos que os particulares – cidadãos ou pessoas colectivas – possam retirar do Direito Comunitário em caso de incumprimento estadual e, sobretudo, quando não se possam valer do princípio do efeito directo vertical.

O princípio comunitário da responsabilidade dos Estados membros por incumprimento do Direito Comunitário e respectivos requisitos nasce com a jurisprudência *Francovich*[80], sendo objecto de

---

[79] Em matéria da responsabilidade dos Estados membros por violação do Direito Comunitário v., em especial, na doutrina portuguesa, Maria Luísa DUARTE, *A responsabilidade dos Estados-membros por actos normativos e o dever de indemnizar os prejuízos resultantes da violação do Direito Comunitário*, in A Cidadania da União e a responsabilidade dos Estados por violação do Direito Comunitário, Lisboa, Lex, 1994; Marta Chantal da Cunha Machado RIBEIRO, *Da Responsabilidade do Estado por Violação do Direito Comunitário*, Coimbra, Almedina, 1996 e *O regime da responsabilidade civil extracontratual dos Estados-membros pela violação do Direito Comunitário. Delineamento e aperfeiçoamento progressivo*, in Temas de integração, 5.º vol., n.º 9, 2000, p. 67 e ss.; Maria José RANGEL DE MESQUITA, *Efeitos dos acórdãos do Tribunal de Justiça das Comunidades Europeias proferidos no âmbito de uma acção por incumprimento*, Coimbra, Almedina, 1997, p. 111 e ss.; Fausto de QUADROS, *Introdução*, in Fausto de QUADROS (coord.), Responsabilidade..., p. 31-36, Direito..., p. 524 e p. 554-555, *A Europeização do contencioso administrativo*, in Estudos em Homenagem ao Professor Doutor Marcello Caetano, Vol. I, Coimbra, Coimbra Editora, 2006, pp. 392-396; Fausto de QUADROS e Ana Maria Guerra MARTINS, *Contencioso da União Europeia*, 2.ª ed., Coimbra, Almedina, 2007, pp. 280-281; Ana Maria Guerra MARTINS, *Curso de Direito Constitucional da União Europeia*, Coimbra, Almedina, 2004, pp. 433 e 452-453; Pedro CABRAL e Mariana CIMA CHAVES, *A Responsabilidade por actos jurisdicionais em Direito Comunitário*, in ROA, 2006, II, p. 765 e ss.; Luísa VERDELHO ALVES, *Tutela e outras respostas do sistema de justiça da Comunidade Europeia perante o incumprimento dos Estados*, in RCEJ, n.º 12, 2007, p. 137 e ss.; e Alessandra SILVEIRA, *A responsabilidade do Estado-juiz por violação do Direito da União Europeia à luz da jurisprudência do Tribunal de Justiça*, in Scientia Iuridica, Tomo LVII, 2008, n.º 315, p. 427 e ss.

[80] Ac. do TJ de 19/11/1991, *Francovich e o.*, proc.os C-6/90 e C-9/90, Col., p. I-5357 e ss.

desenvolvimento em acórdãos posteriores. Aquele princípio nasce, pois, para não deixar sem tutela os particulares num caso de incumprimento por não transposição atempada de uma directiva comunitária cujas normas não podiam ser invocadas pelos particulares contra o Estado no tribunal nacional competente por não gozarem de todos os atributos definidos pelo Tribunal de Justiça para poderem ter efeito directo vertical[81].

É também certo que, muito antes do caso *Francovich*, ainda na década de setenta, o Tribunal de Justiça não ignorou a questão da responsabilidade do Estado por incumprimento – considerando-a em sede de processo por incumprimento, afirmando que o acórdão proferido pelo Tribunal de Justiça no âmbito de uma acção por incumprimento pode comportar um interesse material com vista a estabelecer a base de uma responsabilidade em que um Estado pode incorrer em consequência do seu incumprimento, em relação a outros Estados membros, à Comunidade ou aos particulares[82]. Tal princípio foi reiterado em jurisprudência posterior[83].

Naquela medida, o princípio da responsabilidade do Estado por incumprimento constitui, a par do princípio do efeito directo, um instrumento fundamental de legalidade na ordem jurídica comunitária à disposição dos cidadãos e empresas lesados, que podem assim desempenhar um papel fundamental na vigilância da observância do Direito Comunitário por parte dos Estados membros.

O princípio da responsabilidade dos Estados membros por incumprimento tem a característica essencial de ser um princípio de índole *comunitária* – traço que naturalmente condiciona o regime jurídico de direito interno, material e processual, da responsabilidade estadual por incumprimento. Faz, pois, parte do acervo comunitário e

---

[81] O efeito directo deduz-se do conteúdo da disposição de Direito Comunitário em causa: para que uma disposição de Direito Comunitário possa ter efeito directo é necessário que a mesma seja clara, suficientemente precisa e incondicional – v. ac. do TJ de 5/4/1979, *Ratti*, proc.º 148/78, Rec., p. 1629 e ss., n.º 23, e mais recentemente ac. do TJ de 29/9/1999, *Modelo SGPS SA*, proc.º C-56/98, Col., p. I-6427 e ss., n.º 33.

[82] Ac. do TJ de 7/2/1973, *Comissão c. Itália*, proc.º 39/72, Rec.., p. 112, 11.

[83] É o caso do ac. do TJ de 18/1/1990, *Comissão c. Grécia*, proc.º C-287/87, Col., p. I-125, ou ainda, do ac. do TJ de 12/12/1990, *Comissão c. França*, proc.º C-263/88, Col., p. I-4611.

deve ser respeitado pelos Estados membros sob pena de violação do princípio da lealdade comunitária e do primado.

O Tribunal de Justiça no acórdão *Francovich* não só afirmou que o princípio em causa é «inerente ao sistema do tratado»[84], como afirmou ainda que o direito à reparação «tem directamente o seu fundamento no direito comunitário»[85]. Além disso, o Tribunal afirmou que os requisitos da responsabilidade do Estado membro por incumprimento, também de índole comunitária, se reportam originariamente aos seguintes: i) o resultado prescrito pela directiva comportar a atribuição de direitos aos particulares; ii) o conteúdo destes direitos poder ser identificado com base nas disposições da directiva; e iii) a existência de um nexo de causalidade entre a violação da obrigação que incumbe ao Estado e o dano sofrido pelas pessoas lesadas[86].

Em jurisprudência posterior[87] o Tribunal de Justiça considerou que, nos casos em que os Estados membros disponham de uma certa margem de apreciação, a sua responsabilidade não deve ser apreciada

---

[84] Ac. do TJ de 19/11/1991, *Francovich e o.*, cit., p. I-5414, n.º 35.
[85] *Idem*, p. I-5414, n.º 41.
[86] Ac. do TJ de 19/11/1991, *Francovich e o.*, cit., p. 5414, n.os 30-40. Vide, quanto à análise das três condições fixadas neste acórdão, Maria Luísa DUARTE, *A responsabilidade...*, pp. 69-72.
[87] V. ac. do TJ de 5/3/1996, *Brasserie du Pêcheur e Factortame*, proc.os C-46/93 e C-48/93, Col., p. I-1029 e ss.; ac. de 7/3/1996, *El Corte Ingles*, proc.º C-192/94, Col., p. I-1281 e ss.; ac. do TJ de 26/3/1996; *British Telecommunications*, proc.º C-392/93, Col., p. I-1631 e ss.; ac. do TJ de 23/5/1996, *Hedley Lomas*, proc.º C-5/94, Col., p. I-2553 e ss.; ac. de 8/10/1996, *Dillenkofer e o.*, proc.os C-178, 179, 188 a 190/94, Col., p- I-4845 e ss.; ac. de 17/10/1996, *Denkavit*, proc.º C-283, 291 e 292/94, Col., p. I-5063 e ss.; ac. de 14/1/1997, *Comateb*, proc.º C-192 a 218/95, Col., p. I-165 e ss.; ac. de 22/4/1997, *Eunice Sutton*, proc.º C-66/95, Col., p. I-2163 e ss.; ac. de 10/7/1997, *Bonifaci e o. e Berto e o.*, proc.os C-94/95 e C-95/95, Col., p. I-3969 e ss.; ac. de 10/7/1997, *Maso e o.*, proc.º C-373/95, Col., p. I-4051 e ss.; ac. de 10/7/1997, *Palmisani*, proc.º C-261/95, Col., p. I-4025 e ss.; ac. de 4/7/2000, *Haim*, proc.º C-424/97, Col., p. I-5123 e ss.; e, mais recentemente, ac. de 7/9/2006, *N*, proc.º C-470/04, Col., p. I-7409 e ss.; ac. de 12/12/2006, *Test Claimants in the FII Group Litigation*, proc.º C-446/04, Col., p. I-11753 e ss.; ac. de 25/1/2007, *Marilyn Robins e o.*, proc.º C-278/05, Col., p. I- 1053 e ss.; ac. de 13/3/2007, *Test Claimants in the Thin Cap Group Litigation*, proc.º C-524/04, Col., p. I-2107 e ss.; ac. de 17/4/2007, *A.G.M.-COS.MET*, proc.º C-470/03, Col., p. I-2749 e ss.; e despacho de 23/4/2008, *Test Claimants in the CFC and Dividend Group Litigation*, proc.º C-201/05, não publicado (v. http://europa.eu.int).

em condições diferentes das que regem a responsabilidade dos órgãos comunitários, pelo que existirá um direito à reparação dos danos resultantes do incumprimento estadual quando estejam preenchidas *três* condições: i) a regra de direito comunitário violada tenha por objecto conferir direitos aos particulares; ii) a violação seja suficientemente caracterizada; iii) exista um nexo de causalidade directo entre tal violação (manifesta) e o prejuízo sofrido pelos particulares[88]. Na jurisprudência do TJ podem encontrar-se indicações que podem orientar e auxiliar o juiz nacional na apreciação do requisito da «violação grave e manifesta»[89-90].

---

[88] V. acs. *Brasserie du Pêcheur, e Factortame*, cit., n.º 51; *British Telecommunications*, cit., n.º 39; *Hedley Lomas*, cit., n.º 25; *Dillenkofer e o.*, cit., n.º 21; e cit., *Haim*, n.º 36. No ac. *Dillenkofer e o.*, cit., o TJ refere que a apreciação das condições em causa é função de cada tipo de situação – do mesmo modo dispõe o ac. de 2/4/1998, *Norbrook Laboratories*, proc.º C-127/95, Col., p. I-1531 e ss., n.º 107.

[89] Para o TJ «uma violação é suficientemente caracterizada quando um Estado membro tenha violado de forma manifesta e grave, no exercício da sua competência normativa, os limites impostos ao exercício dessa competência» (ac. *Haim*, cit., n.º 38 e, ainda, acs. *Brasserie du Pêcheur e Factortame*, cit., n.º 55, *British Telecommunications*, cit., n.º 42, *Dillenkofer e o.*, cit., n.º 25, *Test Claimants in the FII Group Litigation*, cit., n.º 212, *Marilyn Robins e o.*, cit., n.º 70, *Test Claimants in the Thin Cap Group Litigation*, cit., n.º 118, *A.G.M.-COS.MET*, cit., n.º 80, e *Test Claimants in the CF and Dividend Group Litigation*, cit., n.º 121). No sentido de o critério da margem de apreciação para fins de apuramento de uma violação suficientemente caracterizada ter sido, com o passar do tempo, secundarizado pelo TJ, vide Alessandra SILVEIRA, *A Responsabilidade...*, p. 442. Diversamente, Afonso Nunes de FIGUEIREDO PATRÃO – ainda que a propósito da jurisprudência *Bergaderm* (ac. do TJ de 4/7/2000, proc.º C-352/98, Col., p. I-5291 e ss.) que procede ao alinhamento das condições da responsabilidade comunitária pelas condições da responsabilidade estadual por incumprimento – entendendo que a fórmula única de ilegalidade consagrada neste acórdão se liga exclusivamente aos poderes da instituição que aprovou o acto. Segundo este Autor, a violação caracterizada, que corresponde ao elemento subjectivo, «será *uma* para actos discricionários e *outra* para actos que não expressem opções no quadro de vastos poderes de apreciação» – no primeiro caso, continuam a exigir-se a violação manifesta e grave dos limites que se impõem ao poder de apreciação do órgão comunitário (*Responsabilidade Extracontratual da Comunidade Europeia* (*Dissertação de mestrado*), Coimbra, Almedina, 2008, pp. 389 e 392, respectivamente).

[90] No ac. *Hedley Lomas*, cit., o TJ afirma, em relação à segunda condição – «violação suficientemente caracterizada» – que em caso de inexistência de escolhas normativas, de existência de uma reduzida margem de discricionariedade ou mesmo da inexistência desta «a simples infracção ao direito comunitário pode ser suficiente para provar a existência de uma violação grave e manifesta» (n.º 28 – em sentido idêntico vão

O carácter comunitário do princípio tem de igual modo reflexos ao nível do regime material e processual nacional – se existir – da responsabilidade civil extracontratual do Estado. Não só este regime não pode contrariar o disposto pela Ordem Jurídica comunitária, como, sendo os tribunais competentes para aferir tal responsabilidade os tribunais dos Estados membros enquanto tribunais comuns de aplicação do Direito Comunitário, os Estados membros não podem, designadamente por via processual, tornar impossível ou excessivamente difícil a efectivação desse direito. Com efeito o Tribunal de Justiça, no acórdão *Francovich,* retomando a sua jurisprudência em matéria de reembolso dos montantes indevidamente recebidos, afirma que na ausência de regulamentação comunitária «é no âmbito do direito nacional da responsabilidade que incumbe ao Estado reparar as consequências do prejuízo causado», que «é à ordem jurídica interna de cada Estado membro que cabe designar os órgãos jurisdicionais competentes e regular as modalidades processuais das acções judiciais destinadas a assegurar a protecção plena dos direitos que os particulares retiram do direito comunitário»[91], com a ressalva de que as condições fixadas pela legislação nacional «não podem ser menos favoráveis que as respeitantes a reclamações semelhantes de natureza interna e não podem ser adaptadas de modo a tornar praticamente impossível ou excessivamente difícil a obtenção da reparação»[92] – respectivamente, princípio da equivalência da protecção jurisdicional e princípio da *efectividade mínima*[93]. A liberdade do legislador nacional é conformada, a partir da Ordem Jurídica comunitária, em especial pelo princípio da efectividade.

---

o ac. *Norbrook Laboratories,* cit., n.º 109, o ac. *Test Claimants in the FII Group Litigation,* cit., n.º 212, o ac. *Marilyn Robins* e o., cit., n.º 71, *Test Claimants in the Thin Cap Group Litigation,* cit., n.º 118, o ac. *A.G.M.-COS.MET,* cit., n.º 81, e o ac. *Test Claimants in the CFC and Dividend Group Litigation,* cit., n.º 121).

[91] Ac. *Francovich e o.,* cit., p. I-5415-5416, n.º 42.

[92] Ac. *Francovich e o.,* cit., p. I-5416, n.º 43, e *Norbrook Laboratories,* cit., n.º 111.

[93] V. Denys SIMON, *Le système juridique communautaire,* 3.ª ed., 2001, p. 426. Vide também, quanto aos princípios da equivalência e da efectividade os acs. *Test Claimants in the Thin Cap Group Litigation,* cit., n.º 111, e o ac. *Test Claimants in the CFC and Dividend Group Litigation,* cit., n.º 113.

Se o caso *Francovich* respeitou à responsabilidade de um Estado membro por incumprimento decorrente de uma omissão do poder legislativo, a jurisprudência do TJ teve também oportunidade de apreciar a questão da responsabilidade dos Estados membros por incumprimento imputável às demais funções do Estado[94]. Com efeito o TJ afirma claramente que a responsabilidade do Estado por danos causados aos particulares se refere a qualquer hipótese de violação do Direito Comunitário cometida por um Estado membro, independentemente do órgão deste último cuja acção ou omissão tenha dado origem ao incumprimento[95].

A problemática da responsabilidade comunitária por incumprimento estadual imputável ao exercício da função *jurisdicional* foi também objecto da apreciação por parte do Tribunal de Justiça nos casos *Köbler* e *Traghetti*[96].

No caso *Köbler*[97], que incide expressamente sobre a questão da responsabilidade do Estado decorrente do exercício da função jurisdicional, em concreto de uma decisão de um órgão jurisdicional que julga em último grau, o TJ equaciona vários interesses em confronto, nomeadamente a exigência da certeza do direito e a autoridade do caso julgado, bem como o princípio da independência do poder judicial e a respectiva autoridade no quadro da ordem jurídico-constitucional interna. E admite que a responsabilidade do Estado pela violação do Direito Comunitário – não colocação de uma questão

---

[94] É por exemplo o caso do ac. *Hedley Lomas*, cit., quanto ao poder executivo. No caso *Haim*, cit., a questão da responsabilidade diz respeito a um organismo autónomo de direito público.

[95] Cf. ac. *Brasserie du Pêcheur*, cit., n.º 32, ac. *Haim*, cit., n.º 27, ou ac. de 1/6/1999, *Konle*, proc.º C-302/97, Col., p. I-3099 e ss., n.º 62. Idêntico princípio é afirmado pelo TJ em sede de processo por incumprimento estadual (cf. ac. de 5/5/1970, *Comissão c. Bélgica*, proc.º 77/69, Rec., p. 237, n.º 15, e Col. 1969-1970, p. 335).

[96] Ac. do TJ de 30/9/2003, *Köbler*, proc.º C-224/01, Col., p. I- 10239 e ss., e ac. do TJ (Grande Secção) de 13 de Junho de 2006, *Traghetti*, proc.º C-173/03, Col., p. I- 5177 e ss. Ainda que não se reportem directamente à responsabilidade decorrente do exercício da função jurisdicional como sucede no caso *Köbler*, são ainda relevantes os acórdãos do TJ de 9/12/2003, *Comissão c. Itália*, proc.º C-129/00, Col., p. I-14637 e ss., e de 13/1/2004, *Kühne & Heitz*, proc.º C-453/00, Col., p. I-837 e ss.

[97] Ac. do TJ de 30/9/2003, *Köbler*, cit.

prejudicial de interpretação[98] – por uma decisão judicial apenas pode subsistir «no caso *excepcional* de o juiz ter violado de modo manifesto o direito aplicável»[99].

É de notar todavia que neste caso, que se reporta ao incumprimento da obrigação de colocação de uma questão ao TJ, o Tribunal comunitário enquadra o incumprimento daquela obrigação no âmbito dos *elementos indicativos* para a caracterização de uma violação como grave e manifesta[100] – e relevantes qualquer que seja a função estadual em causa. Tal significa que o incumprimento da obrigação de colocar uma questão prejudicial não gera, por si só, a responsabilidade do Estado e o correspondente direito ao ressarcimento dos danos. Os outros elementos referidos pelo TJ que devem ser tomados em consideração para a determinação da existência de uma violação suficientemente caracterizada são os que se prendem com o grau de clareza e precisão da norma comunitária[101], o eventual carácter desculpável ou indesculpável do erro de direito cometido, o seu carácter voluntário, ou a existência de um comportamento de um órgão comunitário que tenha favorecido ou não o erro[102].

No caso em apreço, estando em causa também o juízo do tribunal nacional sobre a compatibilidade entre uma norma nacional e o

---

[98] O Tribunal nacional em causa, o *Werwaltungsgerichtshof* austríaco, tribunal de última instância em matéria administrativa, retirou um pedido de decisão prejudicial colocado ao TJ na sequência da prolacção do ac. de 15/1/1998, *Schönig-Kougebetopoulou*, proc.º C-15/96, Col., p. I-47 e ss. – e devido a uma errónea interpretação desta última decisão jurisdicional comunitária.

[99] Ac. *Köbler*, cit., n.º 53, *in fine* – o itálico é nosso.

[100] Ac. *Köbler*, cit., n.º 55. Como salienta Sara de MARIA, o TJ «não estabelece uma relação directa entre a violação daquela obrigação e a responsabilidade estadual e o correspondente direito ao ressarcimento» (*Recenti sviluppi della giurisprudenza comunitaria in materia di responsabilità degli stati membri per violazione del diritto comunitario*, in Rivista Italiana di Diritto Pubblico Comunitario, 2004, p. 894).

[101] Quanto à relação entre a margem de apreciação de um Estado e o grau de clareza e precisão da regra violada v. o ac. *Marilyn Robins*, cit., n.º 72.

[102] Ac. *Köbler*, cit., n.º 55. É de notar, por um lado, que os elementos elencados pelo TJ não implicam a sua verificação cumulativa nem revestem carácter taxativo; e, por outro lado, que a sua verificação não implica – ou não implica sempre – a existência de culpa e de um juízo de censura, de carácter subjectivo, que lhe está subjacente: alguns dos elementos em causa poderão apontar nesse sentido (como será o caso do carácter indesculpável do erro de direito ou do seu carácter voluntário), outros não.

Direito Comunitário, e tendo o TJ considerado que norma comunitária em causa não tinha um carácter suficientemente claro de modo a excluir a interpretação do juiz nacional – não existindo nessa medida uma violação de gravidade manifesta –, o incumprimento da obrigação de colocar a questão prejudicial, ainda que tivesse permitido evitar o erro interpretativo do juiz nacional (quanto ao sentido de um acórdão prejudicial anterior) não reveste uma gravidade tal que justifique a responsabilidade do Estado – pelo que a reparação do dano não poderia ser atribuída ao particular[103]. A violação da obrigação de colocar uma questão prejudicial será relevante para efeitos de determinação da responsabilidade do Estado apenas no caso de o erro interpretativo do tribunal nacional decorrente do facto de não ter suscitado uma questão prejudicial ter revestido um carácter *grave e manifesto* (em consonância com a linha da jurisprudência anterior do TJ)[104].

O princípio comunitário da responsabilidade do Estado por incumprimento condiciona o direito nacional da responsabilidade mas apenas em parte – admitindo o próprio TJ por vezes que uma dada condição prevista pela legislação nacional da responsabilidade, de índole material ou processual, se afigura aceitável à luz do Direito

---

[103] Cf. ac. *Köbler*, cit., n.ºˢ 122 e 13.

[104] No ac. *Comissão c. Itália*, cit., no qual o TJ considerou que ao não alterar uma dada disposição de direito interno que é interpretada e aplicada pela Administração e por uma parte significativa dos órgãos jurisdicionais, incluindo a Corte Suprema di Cassazione (Itália), de forma tal que o exercício do direito ao reembolso de impostos cobrados em violação das regras comunitárias se torna excessivamente difícil para o contribuinte, a República Italiana não cumpriu as obrigações que lhe incumbem por força do Tratado CE (n.º 41). No quadro desta decisão é (indirectamente) posto em causa o incumprimento da obrigação, por parte dos tribunais nacionais, de colocar uma questão prejudicial que lhes permitiria obter uma interpretação da norma comunitária relevante e, em consequência, apreciar a compatibilidade da norma nacional com a norma comunitária (cf. n.ºˢ 28 e n.º 32). O carácter sistemático ou estrutural da violação em causa («interpretação jurisprudencial significativa não desmentida pelo (...) órgão jurisdicional supremo, ou mesmo por este confirmada» – cf. ac., n.º 32) apontada pelo Advogado-Geral GEELHOED nas suas Conclusões apresentadas em 3/06/2003 (cf. n.º 64), afigurar-se-á um elemento relevante na apreciação do carácter grave e manifesto do incumprimento do Direito Comunitário passível de gerar responsabilidade estadual por incumprimento.

Comunitário, ou só *a contrario* aceitável, desde que respeite determinados limites, nomeadamente o princípio da equivalência[105].

No ac. *Traghetti*, o TJ afirma que «não se pode excluir que o direito nacional precise os critérios relativos à natureza ou ao grau de uma infracção, que devem estar preenchidos para que possa existir responsabilidade do Estado por violação do direito comunitário imputável a um órgão jurisdicional nacional decidindo em última instância, mas estes critérios não podem, em nenhum caso, impôr exigências mais restritivas do que a decorrente da condição da *violação manifesta do direito aplicável*, tal como apreciado nos n.ºs 53 a 56 do acórdão *Köbler*»[106] e, ainda, que o Direito Comunitário se opõe a um regime nacional que limite a responsabilidade do Estado membro por danos causados aos particulares em virtude de uma violação do Direito Comunitário imputável a um órgão jurisdicional que decide em última instância pelo facto de essa violação resultar de uma *interpretação de normas jurídicas ou de uma apreciação dos factos e das provas* e que limite essa responsabilidade aos casos de *dolo ou culpa* grave do juiz, «se essa limitação levar a *excluir a responsabilidade do Estado membro em causa noutros casos em que se tenha verificado uma manifesta ignorância do direito aplicável*, tal como precisado nos n.ºs 53 a 56 do ac. *Köbler*»[107].

As três condições estipuladas pelo Tribunal de Justiça, *supra* referidas, são «necessárias e suficientes para instituir em favor dos particulares um direito a obter reparação, sem no entanto impedir que a responsabilidade do Estado possa ser efectivada em condições menos restritivas com base no direito nacional»[108-109]. E afirma ainda

---

[105] É o caso do ac. *Palmisani*, cit., que admite que o Direito Comunitário não se opõe a que um Estado membro imponha, para a propositura de qualquer acção destinada à reparação do prejuízo sofrido em razão da transposição tardia de uma directiva, um prazo de preclusão de um ano, contado a partir da transposição para a sua ordem interna, *na condição de esta modalidade processual não ser menos favorável do que as relativas a acções similares de natureza interna* – n.º 40 (o itálico é nosso).

[106] Ac. *Traghetti*, cit., n.º 44 – o itálico é nosso.

[107] Ac. *Traghetti*, cit., n.º 46 – o itálico é nosso.

[108] Ac. *Köbler,* cit., n.º 57, na senda do ac. *Brasserie du Pêcheur e Factortame*, cit., n.º 66. V. também o ac. *Test Claimants in the Thin Cap Group Litigation*, cit., n.º 128, 1.º trav., *in fine*, o ac. *Test Claimants in the FII Group Litigation*, cit., n.º 220, e o ac. *The Test Claimants in the CFC and Dividend Group Litigation*, cit., n.º 131,

o TJ que «a obrigação de reparar os prejuízos causados aos particulares não pode ficar subordinada a uma condição extraída do conceito de culpa que vai além da violação suficientemente caracterizada»[110].

Qualquer alteração legislativa em matéria de responsabilidade civil extracontratual do Estado e demais entidades públicas não pode, pois, ignorar o Direito Comunitário em matéria de responsabilidade do Estado por incumprimento, nem os requisitos comunitários dessa responsabilidade traçados sucessivamente pela jurisprudência do Tribunal de Justiça – e em relação ao exercício das várias funções do Estado.

Assim como o princípio constitucional da responsabilidade do Estado e demais entidades públicas consagrado no artigo 22.º da Constituição condiciona o regime infra-constitucional (material e processual)[111-112], também o princípio comunitário da responsabilidade dos Estados membros por incumprimento deverá ser tido em conta pela legislação nacional – até porque dentro dos limites impostos pelo princípio da responsabilidade constitucionalmente consagrado, haverá

1.º trav., *in fine*. À luz desta jurisprudência não nos parece que a aplicabilidade directa da norma comunitária violada possa ser um pressuposto da responsabilidade estadual por incumprimento – neste último sentido, invocando a sentença *Brasserie du Pêcheur/Factortame*, J.J. GOMES CANOTILHO e VITAL MOREIRA, *Constituição da República Portuguesa Anotada*, Vol. I, 4.ª ed., 2007, p. 433, XI.

[109] No ac. *A.G.M.-COS.MET*, cit., o TJ estabelece que o Direito Comunitário não se opõe a que sejam previstas pelo direito interno condições específicas no que respeita à reparação dos danos que não sejam causados a pessoas e bens, sob reserva de serem organizadas de forma a respeitar o princípio da efectividade (n.º 96) e, ainda, que não se opõe a que possa existir responsabilidade de um ente jurídico que não seja um Estado membro, de reparar os danos causados aos particulares por medidas por ele adoptadas em violação do Direito Comunitário, para além da responsabilidade do próprio Estado, nem a que possa ser imputada a responsabilidade a um funcionário para além da responsabilidade do Estado membro (n.ºs 98 e 99).

[110] Ac. *Haim*, cit., n.º 39.

[111] Neste sentido, Rui MEDEIROS, *Artigo 22.º*, in Jorge MIRANDA e Rui MEDEIROS, Constituição da República Portuguesa Anotada, Tomo I, Coimbra, Coimbra Editora, 2005, p. 213-214.

[112] O Tribunal Constitucional no Acórdão N.º 45/99 considera que o artigo 22.º da Constituição não estabelece os concretos mecanismos processuais através dos quais se há-de exercitar o direito à reparação dos danos nele previsto e «ponto é que o legislador, ao fazê-lo, não crie entraves ou dificuldades dificilmente superáveis, nem encurte o *quantum* indemnizatório» (n.º 8, par. 3, *in fine* – v. http://www.tribunalconstitucional.pt).

situações em que se justificará, à luz das regras comunitárias, uma apreciação menos exigente da responsabilidade do Estado por incumprimento – e respectivos requisitos – decorrente do exercício das suas várias funções.

3.2 As desconformidades entre o Regime da responsabilidade civil extracontratual do Estado e demais entidades públicas e o Direito da União Europeia

Os traços principais de desconformidade entre a Lei n.º 67/2007, de 31 de Dezembro, e o Regime por ela aprovado, e o Direito da União Europeia verificam-se em relação aos regimes consagrados por danos decorrentes do exercício de *todas* as funções do Estado: administrativa, jurisdicional e político-legislativa.

Para além do traço geral da desconsideração manifestada pelo legislador relativamente ao princípio da responsabilidade do Estado por incumprimento – não necessariamente uma desconformidade, desde que o legislador o considerasse por exclusão, por remissão ou expressamente – existem traços de desconformidade *comuns* a mais do que um regime de responsabilidade e traços de desconformidade *específicos* relativos a um dado regime de responsabilidade.

Os traços de desconformidade *comuns* a vários regimes de responsabilidade são: i) a omissão, no conceito de ilicitude de qualquer referência ao incumprimento do Direito da União Europeia – traço comum aos regimes de responsabilidade por danos decorrentes do exercício da função administrativa por facto ilícito e por danos decorrentes do exercício da função jurisdicional; ii) a omissão de qualquer referência genérica aos requisitos comunitários da responsabilidade comunitária por incumprimento estadual – traço comum aos regimes de responsabilidade por danos decorrentes da função administrativa (por facto ilícito, com excepção do caso previsto no número 2 do artigo 7.º do Regime após a alteração introduzida pela Lei n.º 31//2008, de 17 de Julho), da função jurisdicional e da função político--legislativa; iii) a omissão de qualquer referência, em concreto, aos requisitos cumulativos da responsabilidade comunitária por incumprimento estadual – traço comum aos regimes de responsabilidade por danos decorrentes da função administrativa, da função jurisdicional e da função político-legislativa; iv) a omissão de qualquer referência aos elementos relevantes para a aferição do requisito comunitário da *violação suficientemente caracterizada* ou *violação manifesta* do Direito da União Europeia – traço comum aos regimes de responsabilidade por danos decorrentes da função administrativa, da função jurisdicional e da função político-legislativa (com excepção da menção prevista no artigo 15.º, n.º 4, do artigo 7.º do Regime, sem no entanto identificar a sua origem na Ordem Jurídica da União Europeia).

Como traços de desconformidade *específicos* de um dado regime de responsabilidade podem apontar-se: i) a previsão de uma presunção de culpa leve – traço específico do regime da responsabilidade por danos decorrentes do exercício da função administrativa (por facto ilícito); ii) no caso da responsabilidade por erro judiciário, a sujeição do pedido de indemnização à prévia revogação da decisão danosa pela jurisdição competente, fundamento daquele pedido – traço específico do regime da responsabilidade por danos decorrentes do exercício da função jurisdicional; iii) na omissão da referência à responsabilidade do Estado por omissão de aprovação de actos legislativos de transposição, ou execução, de actos de Direito derivado da União Europeia – traço específico do regime da responsabilidade por danos decorrentes do exercício da função político-legislativa; iv) na fixação do carácter anormal do dano enquanto requisito da responsabilidade – traço específico do regime da responsabilidade por danos decorrentes do exercício da função político-legislativa.

3.2.1 Traços de desconformidade comuns a vários regimes de responsabilidade

3.2.1.1 Omissão no conceito de ilicitude de qualquer referência ao Direito da União Europeia

O primeiro traço de desconformidade comum a vários regimes de responsabilidade identificado prende-se com a omissão, no conceito de ilicitude, de qualquer referência ao Direito da União Europeia – traço comum aos regimes de responsabilidade por danos decorrentes do exercício da função administrativa por facto ilícito e por danos decorrentes da função jurisdicional, em especial na medida em que se lhe aplica, por remissão, aquele regime.

Em relação à responsabilidade do Estado por incumprimento decorrente do exercício da função *administrativa* (por facto ilícito) e do exercício da função *jurisdicional* o Regime aprovado pela Lei n.º 67/2007, de 31 de Dezembro, não contém qualquer referência expressa ao incumprimento, por acção ou omissão, do Direito da União Europeia, enquanto fundamento de ilicitude, geradora, à luz daquele Direito, de responsabilidade estadual. De igual modo, e em relação à responsabilidade decorrente do exercício da função jurisdicional por erro judiciário, verifica-se uma omissão de qualquer referência à categoria de decisões jurisdicionais contrárias ao Direito da União Europeia.

A omissão de uma referência à ilicitude que se consubstancia num incumprimento do Direito da União Europeia não dispensa o Estado de responder em caso de incumprimento sempre que os requisitos – comunitários – da responsabilidade se encontrem preenchidos. Com efeito, tendo em conta por um lado, quer o princípio do primado quer o princípio da lealdade comunitária e, por outro, o princípio da administração indirecta, compete às autoridades nacionais, no âmbito das respectivas competências, transpor, executar e aplicar o Direito da União Europeia – este integra inequivocamente o bloco de legalidade por que se deve pautar a actuação do Estado e, em particular do Estado-Administração e do Estado-Juiz.

Acresce que o facto de o Regime prever apenas no quadro da responsabilidade civil por danos decorrentes do exercício da função político-legislativa a responsabilidade por actos (e, saliente-se, apenas por actos) praticados em desconformidade com o «direito comunitário» não significa que o Estado esteja isento de responsabilidade por incumprimento, por acção ou omissão, imputável às suas demais funções[113].

---

[113] Com o mesmo entendimento, Carlos Alberto FERNANDES CADILHA, *Regime da Responsabilidade Civil Extracontratual do Estado e demais Entidades Públicas Anotado*, Coimbra, Coimbra Editora, 2008, p. 150.

3.2.1.2 Omissão de qualquer referência genérica aos requisitos comunitários da responsabilidade por incumprimento estadual

O segundo traço de desconformidade comum a vários regimes de responsabilidade identificado prende-se com a omissão de qualquer referência expressa genérica aos requisitos comunitários da responsabilidade por incumprimento estadual – traço comum aos regimes de responsabilidade por danos decorrentes do exercício da função administrativa por facto ilícito (com excepção do número 2 do artigo 7.º do Regime após a alteração introduzida pela Lei n.º 31/2008, de 17 de Julho), da função jurisdicional e da função político-legislativa.

A omissão de uma referência genérica expressa aos requisitos comunitários da responsabilidade por incumprimento, por acção ou omissão, do Direito da União Europeia, de cuja verificação depende a obrigação de indemnizar, e à respectiva índole *comunitária* não dispensa o Estado, e respectivos órgãos no domínio das respectivas competências, de os observar e aplicar. Assim o impõe o princípio do primado e também o princípio da lealdade comunitária. O Direito da União Europeia em matéria de responsabilidade dos Estados membros por incumprimento integra inequivocamente o acervo de Direito que os mesmos Estados estão obrigados a observar.

É certo que a versão modificada da Lei n.º 67/2007, de 31 de Dezembro, passou a contemplar uma remissão genérica para os «requisitos da responsabilidade fixados pelo direito comunitário», mas no quadro de uma dada – a apenas dessa – actuação administrativa[114], parecendo inculcar a ideia que tal remissão não tem aplicação nos demais casos de responsabilidade administrativa em que se verifique o incumprimento do Direito da União Europeia. O facto de a redacção do número 2 do artigo 7.º decorrente da alteração introduzida pela Lei n.º 31/2008, de 17 de Julho, no quadro da responsabilidade imputável à função administrativa, fazer uma referência expressa aos «requisitos da responsabilidade civil extracontratual definidos pelo direito comunitário» – e, sublinhe-se, apenas para o caso nele previsto – não

---

[114] A esta alteração se aludirá em 3.2.2.1, *infra*.

significa que os requisitos comunitários não se apliquem quer nos demais casos de responsabilidade imputável à função administrativa do Estado, quer nos casos de responsabilidade estadual por incumprimento do Direito da União Europeia imputável às demais funções do Estado. Outro entendimento seria contrário ao princípio do primado: independentemente da letra da lei interna, têm plena aplicação os requisitos fixados pela jurisprudência do Tribunal de Justiça em matéria da responsabilidade estadual por incumprimento.

3.2.1.3 Omissão de qualquer referência concreta aos requisitos da responsabilidade por incumprimento estadual fixados pelo Direito da União Europeia

O terceiro traço de desconformidade comum a vários regimes de responsabilidade identificado prende-se com a omissão de qualquer referência concreta aos três requisitos da responsabilidade por incumprimento estadual fixados pelo Direito da União Europeia – traço comum aos regimes de responsabilidade por danos decorrentes do exercício da função administrativa (por facto ilícito), da função jurisdicional e da função político-legislativa.

A omissão de uma referência concreta aos requisitos da responsabilidade por incumprimento estadual fixados pelo Direito da União Europeia também não dispensa o Estado, e respectivos órgãos no domínio das respectivas competências, de os observar e aplicar – assim impõe o princípio do primado e também o princípio da lealdade comunitária. O Direito da União Europeia em matéria de responsabilidade dos Estados membros por incumprimento, em especial no que toca aos requisitos concretos necessários e suficientes dos quais depende a obrigação de indemnizar por parte de um Estado membro – e de que depende a instituição, em favor dos particulares, de um direito à reparação – integra inequivocamente o acervo de Direito que os mesmos Estados estão obrigados a observar. Se o Direito da União Europeia não impede que os Estados membros fixem ou explicitem os requisitos ou pressupostos de que depende a responsabilidade estadual em geral, não permite todavia que o legislador nacional imponha, em relação à responsabilidade estadual por incumprimento do Direito da União Europeia, requisitos mais exigentes do que os requisitos fixados pela Ordem Jurídica comunitária.

3.2.1.4 *Omissão de qualquer referência aos elementos relevantes para a aferição do requisito comunitário da* violação suficientemente caracterizada *do Direito da União Europeia*

Por último, o quarto traço de desconformidade comum a vários regimes de responsabilidade identificado prende-se com a omissão de qualquer referência aos elementos relevantes para a aferição do requisito comunitário da *violação suficientemente caracterizada* – ou *violação manifesta* – do Direito da União Europeia – traço comum aos regimes de responsabilidade por danos decorrentes do exercício da função administrativa (por facto ilícito), da função jurisdicional e da função político-legislativa (com excepção da menção prevista no número 4 do artigo 15.º do Regime ao «grau de clareza e precisão da norma violada», sem no entanto identificar a sua origem comunitária[115]).

A omissão de uma referência concreta aos elementos relevantes para a aferição do requisito comunitário da *violação suficientemente caracterizada* fixados – ainda que de forma não taxativa – pelo Direito da União Europeia também não dispensa o Estado, e respectivos órgãos no domínio das respectivas competências, de os considerar e aplicar – assim impõe o princípio do primado e também o princípio da lealdade comunitária. O Direito da União Europeia em matéria de responsabilidade dos Estados membros por incumprimento, em especial no que toca aos elementos para a aferição de um dos requisitos ou condições de que depende a existência de responsabilidade e a obrigação de indemnizar por parte de um Estado membro integra o acervo de Direito que os mesmos Estados estão obrigados a respeitar.

---

[115] Mário AROSO DE ALMEIDA sublinha, a respeito do pressuposto da culpa, que o critério constante do n.º 4 do art. 15.º se inspira «(…) no modo como o Tribunal de Justiça da União Europeia vem exigindo uma violação suficientemente caracterizada do Direito Comunitário para reconhecer a existência de responsabilidade dos Estados membros da União por violação grave e manifesta de obrigações impostas pelo Direito Comunitário (…)» – *A Responsabilidade do Legislador no Âmbito do Artigo 15.º do Novo Regime Introduzido pela Lei N.º 67/2007, de 31 de Dezembro, in* Julgar, 05, 2008, p. 44.

3.2.2. Traços de desconformidade específicos dos diferentes regimes de responsabilidade

3.2.2.1 Responsabilidade do Estado por incumprimento decorrente do exercício da função administrativa: a alteração ao número 2 do artigo 7.º do Regime introduzida pela Lei n.º 31/2008, de 17 de Julho, e a presunção de culpa leve

A alteração ao número 2 do artigo 7.º do Regime da responsabilidade do Estado e demais entidades públicas introduzida, com efeitos *retroactivos*, pela Lei n.º 31/2008, de 17 de Julho, merece uma particular referência. Não apenas pelo facto de se poder traduzir por si só numa desconformidade com o Direito da União Europeia, mas também pelo facto de, por um lado, gerar uma situação de incerteza jurídica quanto ao teor do regime comunitário aplicável e, por outro lado, criar uma incoerência estrutural quanto à articulação entre o novo Regime nacional e o Direito da União Europeia.

A modificação introduzida no número 2 do artigo 7.º do Regime, denotando uma técnica legislativa pouco feliz, vem criar uma *incoerência estrutural* quanto à articulação entre o novo Regime e o Direito da União Europeia, na medida em que a desconsideração do Direito da União Europeia se mantém relativamente a todos os demais casos de responsabilidade estadual por incumprimento − não só imputável à função administrativa (no quadro da qual a alteração se insere)[116], mas também às demais funções do Estado, quer jurisdicional quer, em parte, político-legislativa. Com efeito e *prima facie*, a alteração introduzida parece pressupor que o princípio comunitário da responsabilidade estadual por incumprimento apenas teria aplicação no caso

---

[116] Esperança MEALHA escreve que «passamos a ter um quadro de responsabilidade civil dos entes públicos, por facto ilícito praticado no exercício da função administrativa, com pressupostos não exactamente coincidentes: haverá que distinguir consoante o facto tenha ocorrido no âmbito de um procedimento de adjudicação, abrangido pelo artigo 7.º/2 (leia-se pelo artigo 100.º do CPTA), ou quando tenha sido praticado no exercício de outra actividade administrativa, procedimental ou não» − *Responsabilidade Civil nos Procedimentos de Adjudicação dos Contratos Públicos (Notas ao Artigo 7.º/2 da Lei N.º 67/2007, de 31 de Dezembro), in* Julgar, 05, 2008, p. 110.

previsto no número 2 do artigo 7.º do Regime, não tendo aplicação nos demais casos de responsabilidade estadual. Tal entendimento não se afigura possível, como atrás se referiu: o facto de o legislador ter, *a posteriori*, introduzido no novo Regime uma remissão expressa para os requisitos comunitários da responsabilidade estadual por incumprimento – no quadro de um dos regimes da responsabilidade e para um, e apenas um, caso de actividade administrativa – não pode ser entendido como apartando a aplicação do Direito Comunitário relativamente ao incumprimento imputável quer à função administrativa em geral, quer às demais funções do Estado. Antes pelo contrário: o princípio da responsabilidade estadual por incumprimento tem plena aplicação relativamente à actividade de todas as funções do Estado, incluindo a função administrativa.

Além disto, a alteração introduzida no número 2 do artigo 7.º gera uma situação de *incerteza jurídica* quanto ao teor do regime comunitário da responsabilidade aplicável. Isto por a nova redacção contemplar uma remissão genérica para os «requisitos fixados pelo Direito Comunitário». Deve, pois, indagar-se, qual o Direito Comunitário para o qual aquela disposição remete e qual a respectiva fonte.

Ao esclarecimento de tal dúvida não pode ficar alheio o motivo que esteve directamente na base de tal alteração: o acórdão de 10 de Janeiro de 2008 proferido pelo Tribunal de Justiça numa segunda acção por incumprimento contra o Estado português que o condenou no pagamento de uma sanção pecuniária compulsória diária de 19.392 euros[117]. O incumprimento material subjacente aos dois acórdãos por incumprimento proferidos contra Portugal prende-se com a desconformidade entre a Directiva "recursos" e o regime revogado pela Lei 67/2007, de 31 de Dezembro (constante do Decreto n.º 48051), na medida em que impunha, como requisito da responsabilidade da administração, a *prova da culpa*. Com a entrada em vigor da versão originária da Lei n.º 67/2007, de 31 de Dezembro, a questão subsistia,

---

[117] V., quanto a este acórdão e à relação entre o incumprimento material e o novo Regime da responsabilidade do Estado, Maria José RANGEL DE MESQUITA, *O caso Comissão c. República Portuguesa: a primeira condenação do Estado português no pagamento de uma sanção pecuniária por incumprimento*, in Estudos em Homenagem ao Prof. Doutor Paulo Cunha, n.º 3.2 (em curso de publicação).

já que o legislador consagrou uma *presunção de culpa* no caso da prática de actos jurídicos ilícitos – apesar de não contemplar, como se referiu, expressamente a ilicitude decorrente da violação, por acção ou omissão de normas ou princípios comunitários. Na perspectiva do legislador nacional, a alteração do número 2 do artigo 7.º parece pressupor que a presunção de culpa *não se afigura suficiente* para dar cumprimento à obrigação de transpor correctamente aquela Directiva "recursos" no que toca à responsabilidade do Estado e correspondente direito à indemnização, nela contemplados: a ilicitude (leia-se violação do Direito Comunitário) e o nexo de causalidade terão que se afigurar suficientes para garantir o direito à indemnização pelos co-contratantes lesados.

Como se pode ler na exposição de motivos da Proposta de Lei n.º 195/X, «é provável que a Comissão Europeia venha a entender que (...) a consagração de uma presunção de culpa ilidível associada à prática de actos jurídicos ilícitos não afasta completamente do novo quadro legal a necessidade de vir a demonstrar a culpa» e, ainda, que «Sentiu-se a necessidade de alinhar o Regime da Responsabilidade Civil Extracontratual do Estado e Demais Entidades Públicas, no âmbito dos contratos de direito público inseridos no escopo das Directivas em questão, com o entendimento da Comissão Europeia nesta matéria, adoptando-se uma redacção idêntica à consagrada na alínea c) do n.º 1 do artigo 2.º da Directiva n.º 89/665/CEE do Conselho, de 21 de Dezembro de 1989 (...)»[118].

---

[118] Vide também o art. 2.º, n.º 1, d) da Directiva 92/13/CEE do Conselho de 25/2/1992, relativa à coordenação das disposições legislativas, regulamentares e administrativas respeitantes à aplicação das regras comunitárias em matéria de procedimentos de celebração de contratos de direito público pelas entidades que operam nos sectores da água, da energia, dos transportes e das telecomunicações (directiva "recursos" para os sectores *especiais* – JO L 76 de 23/3/1992, p. 14 e ss.), modificada pelas Directivas 2006/97/CE do Conselho de 20/11/2006 e 2007/66/CE do Parlamento Europeu e do Conselho de 11/12/2007. Esta disposição prevê também a concessão de indemnizações por perdas e danos às pessoas lesadas pela violação do Direito Comunitário aplicável na matéria e, diversamente da Directiva 89/665/CEE, prevê expressamente, no n.º 7 da mesma disposição, que «Quando uma pessoa introduza um pedido de indemnização por perdas e danos relativos aos custos incorridos com a preparação de uma proposta ou a participação num procedimento de celebração de um contrato, *apenas terá de provar que houve violação do direito comunitário em matéria de celebração dos contratos* ou das normas nacionais de

Assim, uma primeira questão que se coloca, suscitada pela nova redacção, é a de saber se a remissão para o Direito Comunitário que passou a constar do número 2 do artigo 7.º se reporta: i) ao regime *"geral"* da responsabilidade estadual por incumprimento, incluindo o imputável à função administrativa, e respectivos requisitos – plasmado na jurisprudência *Francovich* e posterior; ou, ii) ao regime *"especial"* em matéria de responsabilidade (e de pressupostos da obrigação de indemnizar) imposto pela Directiva "recursos"[119] – porventura diferente, porque menos exigente, do regime geral (na medida em que não exija, nem permita, o requisito da culpa e sua prova). No fundo, trata-se de saber se a responsabilidade decorrente da função administrativa no quadro dos procedimentos de contratação pública a que se aplica o Direito Comunitário que a regula[120] difere, quanto aos respectivos requisitos ou pressupostos, da responsabilidade estadual por incumprimento imputável a todas as funções do Estado. Não é claro se a Directiva "recursos" imporá uma verdadeira responsabilidade *objectiva*[121], independentemente de culpa[122-123]. A natureza genérica

---

transposição desse direito e que teria tido uma possibilidade real de lhe ser atribuído o contrato que foi prejudicado por essa violação» (o itálico é nosso). Fica, pois, afastada, a exigência da culpa como requisito da responsabilidade no âmbito da aferição da violação suficientemente caracterizada do direito comunitário.

[119] Em rigor, de ambas as Directivas "recursos" (89/665/CEE e 92/13/CEE, cits.).

[120] Directivas 2004/17/CE do Parlamento Europeu e do Conselho, de 31 de Março de 2004, relativa à coordenação dos processos de adjudicação de contratos nos sectores da água, da energia, dos transportes e dos serviços postais (JO L 134, de 30/4/2004, p. 1 e ss.), e 2004/18/CE do Parlamento Europeu e do Conselho, de 31 de Março de 2004, relativa à coordenação dos processos de adjudicação dos contratos de empreitada de obras públicas, dos contratos públicos de fornecimentos e dos contratos públicos de serviços (JO L 134, de 30/4/2004, p. 114 e ss.), alteradas pela Directiva 2005/51/CE da Comissão de 7/9/2005, pelo Regulamento (CE) n.º 2083 da Comissão de 19/12/2005 e rectificadas pela Directiva 2005/75/CE do Parlamento Europeu e do Conselho de 16/11/2005.

[121] No sentido de a responsabilidade em causa não ser objectiva, Esperança MEALHA, *Responsabilidade...*, p. 109.

[122] Carlos Alberto FERNANDES CADILHA refere-se, a propósito da alteração legislativa, à substituição do regime da presunção de culpa por «um critério de objectivação de culpa consonante com o entendimento comunitário sobre a matéria» – *Regime...*, p. 129.

[123] O art. 2.º, n.º 7, da Directiva 92/13/CEE também não esclarece este ponto – apenas dispensa inequivocamente a culpa.

da remissão contemplada agora no novo Regime legal – que não responde à questão levantada – não facilita a tarefa do juiz nacional da responsabilidade: confrontado com um pedido de indemnização formulado por um particular lesado, tem de apreciar a verificação dos requisitos de que depende o direito à reparação à luz do disposto no Direito Comunitário aplicável. É certo que, em caso de dúvida pertinente no âmbito de um processo submetido à sua apreciação, o juiz nacional tem sempre a faculdade de colocar ao TJ uma questão prejudicial de interpretação – cujo resultado é obrigado a respeitar quando proferir a sua decisão. Todavia, seria preferível e desejável que o legislador não dificultasse a tarefa do aplicador do direito ao caso concreto. E seria também desejável que o legislador contribuísse para a certeza e a segurança do Direito e respectivo conhecimento pelos particulares.

A remissão ora constante do número 2 do artigo 7.º do Regime deve entender-se como feita para o regime *"especial"* de responsabilidade do Estado-Administração por incumprimento constante da Directiva "recursos" – em rigor, das Directivas "recursos" –, menos exigente do que o regime *"geral"* no que diz respeito ao requisito da violação suficientemente caracterizada – na medida em que bastará, para a verificação do requisito da violação suficientemente caracterizada do direito comunitário, a violação, por acção ou omissão, do Direito Comunitário, não se aplicando qualquer requisito relativo à culpa (dolo ou negligência), ainda que presumida.

Por último, não pode deixar de sublinhar-se que uma questão central mais ampla se suscita, para além do caso especial previsto no número 2 do artigo 7.º, e que se prende com o requisito da *culpa* e com a suficiência da *presunção de culpa* na prática de actos administrativos ilegais – consagrada no novo Regime – face ao princípio comunitário aplicável. Trata-se de saber se a própria presunção de culpa (leve) consagrada pelo legislador português como regra é compatível com o regime comunitário geral da responsabilidade do Estado. Se é certo que a responsabilidade do Estado por incumprimento implica a verificação dos requisitos comunitariamente fixados, entre os quais a violação *suficientemente caracterizada* do Direito Comunitário, casos existem, à luz da jurisprudência do TJ em que tal requisito se encontra verificado pela existência de *simples violação* do

Direito Comunitário aplicável[124] – parece-nos que, pelo menos nestes casos, a presunção de culpa também não se afigura compatível com o Direito da União Europeia vigente em matéria de responsabilidade civil por incumprimento na medida em que a presunção de culpa é ilidível e implica e permite, prova em contrário[125].

E, em bom rigor, a questão coloca-se não só em relação à responsabilidade do Estado-Administração, por danos decorrentes do exercício da função *administrativa* por facto ilícito (em todos os casos não abrangidos pelo âmbito de aplicação das Directivas "recursos") mas também em relação à responsabilidade do Estado-Juiz, por danos decorrentes do exercício da função jurisdicional – na medida em que o regime da responsabilidade do Estado por danos decorrentes do exercício da função administrativa é, com excepção do erro judiciário, o regime que se aplica ao caso de responsabilidade por danos decorrentes do exercício da função jurisdicional. Pela razão exposta, também o regime da responsabilidade por danos decorrentes da função administrativa apresenta um traço de desconformidade específico com o Direito da União Europeia.

3.2.2.2 *Responsabilidade do Estado por incumprimento decorrente do exercício da função jurisdicional*

Como traço de desconformidade específico do regime da responsabilidade por danos decorrentes do exercício da função jurisdicional pode apontar-se desde logo a exigência de prévia «revogação da decisão danosa pela jurisdição competente» enquanto fundamento do pedido de indemnização decorrente de responsabilidade por erro judiciário.

E assim deve entender-se pelas razões seguintes; i) os requisitos comunitários fixados pela jurisprudência do Tribunal de Justiça são, à luz do Direito da União Europeia, necessários e suficientes para instituir em benefício dos particulares um direito à reparação; ii) a autonomia processual dos Estados membros encontra-se limitada pelo princípio da efectividade; iii) ainda que, em nome do princípio da

---

[124] *Supra*, 3.1, nota 90.
[125] Cf. art. 344.º, n.º 1, do Código Civil.

equivalência, se entendesse que a exigência de revogação prévia se aplica indistintamente a acções de responsabilidade emergentes de violação do Direito da União Europeia e de violação do Direito interno, a efectiva «revogação da decisão danosa» depende do sistema de recursos instituído pela legislação nacional – sistema que, por razões relacionadas com o valor da causa ou a sucumbência[126], pode não admitir qualquer recurso no caso concreto, inviabilizando assim a efectivação do direito à reparação em casos de incumprimento do Direito da União Europeia; iv) a alteração introduzida pela reforma do processo civil decorrente da entrada em vigor do Decreto-Lei n.º 303/ /2007, de 24 de Agosto, no artigo 771.º do Código de Processo Civil, inserindo neste uma nova alínea (alínea f) prevendo que uma decisão transitada em julgado pode ser objecto de revisão quando «Seja inconciliável com uma decisão definitiva de uma instância internacional de recurso vinculativa para o Estado português» também não se afigura suficiente para assegurar o pleno efeito do Direito da União Europeia. Em primeiro lugar, porque tal disposição não se aplica a processos pendentes em 1 de Janeiro de 2008, data da entrada em vigor do Decreto-Lei n.º 303/2007, de 24 de Agosto[127]. Em segundo lugar porque, ainda que se entenda – como deve entender-se – que a expressão «instância internacional de recurso» abrange os tribunais da União Europeia[128], os únicos meios contenciosos relevantes para o efeito seriam ou o processo das questões prejudiciais, ou o processo por incumprimento – meios contenciosos a que os particulares não têm acesso directo: no primeiro caso, porque a competência para suscitar uma questão prejudicial, ainda que suscitada pelas partes, é exclusiva do órgão jurisdicional nacional; no segundo caso, porque a legitimidade activa para iniciar um processo por incumprimento pertence, em exclusivo, à Comissão ou a um Estado membro – podendo os particulares lesados pelo incumprimento estadual formular apenas

---

[126] Cf. art. 678.º, n.ᵒˢ 1 a 3, do CPC.
[127] Cf. art. 11.º, n.º 1, e art. 12.º do Decreto-Lei n.º 303/2007, de 24 de Agosto. O n.º 1 do art. 11.º expressamente refere que sem prejuízo do disposto no n.º 2 (que não refere o art. 771.º do CPC), as disposições do diploma não se aplicam aos processos pendentes à data da sua entrada em vigor.
[128] À alteração em causa e dúvidas que suscita nos referiremos mais adiante – *infra*, 4.2.

uma queixa dirigida à Comissão, a qual não prejudica o poder discricionário da Comissão quanto à abertura e desenvolvimento do processo. Acresce que, à luz da Ordem Jurídica da União Europeia, a declaração do incumprimento estadual em sede de acção por incumprimento intentada no Tribunal de Justiça não é condição prévia da responsabilização dos Estados membros por incumprimento, nem da aplicação efectiva do princípio comunitário da responsabilidade daqueles Estados membros por incumprimento do Direito da União Europeia.

Deve entender-se, pelas razões expostas, que a condição da «prévia revogação da decisão danosa pela jurisdição competente» não é aplicável quando esteja em causa a responsabilidade do Estado por incumprimento do Direito da União Europeia imputável à função jurisdicional, com todas as consequências: em especial, quanto à admissibilidade da acção de responsabilidade e quanto ao efeito ab-rogatório do primado imposto pela jurisprudência *Simmenthal*. Tal norma, quando se trate de efectivar a responsabilidade do Estado português por incumprimento imputável à função jurisdicional, deve considerar-se «inaplicável de pleno direito» – sem prejuízo de, em caso de dúvida, a jurisdição competente para a apreciação da responsabilidade do Estado imputável à função jurisdicional – jurisdição comum ou administrativa, consoante o caso[129] – colocar as pertinentes questões de interpretação do Direito Comunitário que entenda serem necessárias para a resolução do caso concreto[130].

Ainda no que toca a desconformidades específicas do regime da responsabilidade por danos decorrentes do exercício da função jurisdicional com o Direito da União Europeia, merece ainda uma referên-

---

[129] *Infra*, 4.1.

[130] No sentido de que um acórdão condenatório do Estado numa acção por incumprimento ao abrigo dos arts. 226.º e seguintes do Tratado da Comunidade Europeia «deverá *equiparar-se* à revogação da decisão danosa para efeitos de propositura da acção de responsabilidade», ainda que sem prejuízo do caso julgado – parecendo assim não dispensar a prévia revogação da decisão jurisdicional danosa desconforme com o Direito Comunitário – vide Carla AMADO GOMES, *As novas responsabilidades dos tribunais administrativos na aplicação da Lei 67/2007 de 31 de Dezembro, in* Três Textos sobre o Novo Regime da Responsabilidade Civil Extracontratual do Estado e demais Entidades Públicas, Lisboa, AAFDL, 2008, p. 117.

cia a questão dos requisitos da responsabilidade no caso de erro judiciário – sobretudo com o intuito de garantir a sua conformidade com o Ordenamento Jurídico da União Europeia e tendo em conta que a responsabilidade do Estado por incumprimento imputável à função jurisdicional se traduzirá em princípio no incumprimento, por acção ou omissão, do Direito Comunitário aplicável e, assim, num erro de *direito*.

Os requisitos comunitários da responsabilidade estadual são suficientes para instituir um direito à indemnização também quando se trate da actividade jurisdicional – pelo que o que se escreveu sobre a presunção de culpa e a ilicitude, a propósito da função administrativa, vale também para a responsabilidade por danos decorrentes do exercício da função jurisdicional. A questão mais delicada prende-se com a omissão, quanto à responsabilidade por erro judiciário, da referência expressa à categoria de decisões jurisdicionais contrárias ao Direito da União Europeia – questão a que se aludiu a título geral quanto aos traços de desconformidade comuns a vários regimes de responsabilidade[131] – e, ainda, com a caracterização das decisões que podem configurar um erro judiciário (de direito ou de facto) geradora de responsabilidade: decisões manifestamente inconstitucionais, decisões manifestamente ilegais ou decisões injustificadas por erro grosseiro na apreciação dos respectivos pressupostos de facto.

É de sublinhar desde logo que a jurisprudência *Traghetti* admite a responsabilidade do Estado por incumprimento decorrente de *erro judiciário*, de direito ou de facto, na medida em que esclarece expressamente que o Direito Comunitário se opõe a um regime nacional que exclua a responsabilidade por incumprimento do Direito da União

---

[131] Numa interpretação muito ampla, poder-se-ia porventura reconduzir a decisão jurisdicional contrária ao Direito Comunitário ainda à categoria de «decisões jurisdicionais manifestamente ilegais» – num sentido de contrárias à lei, incluindo a «lei» (qualquer que seja a fonte) comunitária. Não nos parece ser este o entendimento adequado, tendo em conta que o legislador fez referência expressa ao Direito Comunitário inicialmente num caso e, após a alteração de 2008, em dois casos – não se deve por isso presumir que o quisesse fazer nos demais casos de responsabilidade estadual. Além disso, os princípios da certeza e da segurança jurídica sempre imporão a clarificação de que as decisões jurisdicionais feridas de erro judiciário relativo ao Direito Comunitário não estão isentas de gerar responsabilidade do Estado à luz do Direito da União Europeia.

[132] Ac. *Traghetti*, cit., n.º 46.

Europeia imputável a um órgão jurisdicional – no caso, que decide em última instância – pelo facto de essa violação resultar de uma *interpretação de normas jurídicas* ou de uma *apreciação dos factos e das provas* efectuadas por esse órgão[132].

Partindo do princípio, que perfilhamos, de que a omissão de qualquer referência, em sede de erro judiciário, a decisões que violem, por acção ou omissão, o Direito da União Europeia, não significa que as mesmas não dêem lugar a responsabilidade estadual aferida à luz do mesmo, a questão que se pode colocar é a de saber se, relativamente ao erro de direito na interpretação ou aplicação do Direito da União Europeia, apenas as decisões *manifestamente* contrárias ao Direito Comunitário são susceptíveis de configurar uma aplicação do princípio comunitário da responsabilidade estadual por incumprimento. Trata-se, pois, da articulação do texto do Regime (interpretado no sentido de abranger o caso de decisões jurisdicionais desconformes com o Direito da União Europeia) com o requisito comunitário da «violação suficientemente caracterizada» do Direito Comunitário aplicado à função jurisdicional. Tendo em conta, em particular, o teor da jurisprudência *Köbler*, o próprio Ordenamento Jurídico da União admite que há que ter em conta quer a *especificidade da função jurisdicional*, quer as exigências legítimas de segurança jurídica, pelo que «Só pode haver responsabilidade do Estado resultante de uma violação do direito comunitário por tal decisão (leia-se decisão de órgão jurisdicional nacional que decida em última instância), no caso de o juiz ter ignorado de modo manifesto o direito aplicável»[133]. Salvo no caso em que a decisão jurisdicional foi tomada «violando manifestamente a jurisprudência do Tribunal de Justiça na matéria»[134], caso em que se considera existir uma violação do direito comunitário suficientemente caracterizada, a violação do Direito Comunitário, que deve revestir carácter manifesto ou suficientemente caracterizado, deve ser aferida em função de um conjunto de elementos fixados pelo Tribunal de Justiça, e a que já se aludiu, bem como os demais elementos que caracterizem a situação em causa[135].

---

[133] Ac. *Köbler*, cit., n.º 53.
[134] Ac. *Köbler*, cit., n.º 56.
[135] Ac. *Köbler*, cit., n.º 54.

Tendo em conta o exposto, o requisito do carácter «manifesto» previsto em relação ao erro judiciário de direito, quando aplicado ao Direito da União Europeia, não se afigurará *a priori* contrário com o princípio comunitário da responsabilidade estadual por incumprimento e respectivos pressupostos.

3.2.2.3 Responsabilidade do Estado por incumprimento decorrente do exercício da função político-legislativa

Como traço de desconformidade específico do regime da responsabilidade por danos decorrentes do exercício da função político-legislativa pode apontar-se em primeiro lugar a omissão da referência expressa à responsabilidade do Estado por omissão de aprovação de actos legislativos de transposição – ou execução – de actos de Direito derivado da União Europeia; e, em segundo lugar, a fixação do carácter *anormal* do dano enquanto requisito da responsabilidade e da obrigação de indemnizar.

Quanto ao primeiro traço de desconformidade específico do regime da responsabilidade por danos decorrentes da função político-legislativa, afiguram-se pertinentes as considerações que de seguida se enunciam.

Distinguindo o legislador no artigo 15.º do Regime entre «actos» (n° 1) e «omissões» (n.º 3 e n.º 5), não nos parece possível entender que a referência a «actos (...) *praticados* em desconformidade com o direito comunitário» abranja a omissão de aprovação de medidas legislativas impostas pelo Direito da União Europeia – em especial de transposição de *directivas* aprovadas no quadro do primeiro pilar da União Europeia, com base no Tratado da Comunidade Europeia, mas também de *decisões-quadro* aprovadas no quadro do terceiro pilar da União Europeia e com base no Tratado da União Europeia.

Ainda que se entendesse que as referências à omissão constantes dos números 3 e 5 do artigo 15.º se referem exclusivamente a um caso de omissão – omissão de providências legislativas necessárias para tornar exequíveis normas constitucionais – a referência expressa à *prática de actos* constante do número 1 não se compadece com o enquadramento neste número de omissões de aprovação de actos de transposição, ou de execução, de actos de Direito da União Europeia (ou quaisquer outras omissões imputáveis à função político-legislativa)[136-137].

A falta de referência à responsabilidade do Estado legislador por falta de adopção de actos internos de transposição ou de execução do Direito da União Europeia afigura-se, pois, desconforme com o mesmo[138-139]. Não obstante a lacuna da letra da lei, não pode deixar de entender-se que o Estado é responsável por facto – acção (prevista no Regime) e omissão (não prevista no Regime) – desconforme com o Direito da União Europeia imputável à função político-legislativa, e nos termos definidos pela Ordem Jurídica da União. Não pode deixar de sublinhar-se que o caso de omissão legislativa no tocante à transposição completa de uma directiva comunitária foi exactamente aquele que já deu lugar a condenações efectivas do Estado português a título de responsabilidade por incumprimento Direito Comunitário –

---

[136] Em rigor, os casos de responsabilidade civil extracontratual do Estado imputável à função legislativa não se reconduzem, sublinhe-se, à não transposição atempada ou transposição incorrecta ou incompleta de directivas, antes pelo contrário: existe potencial responsabilidade do Estado por incumprimento sempre que o legislador aprove actos de direito interno desconformes com o Direito da União Europeia relevante. O incumprimento *por acção* fica todavia abrangido pela previsão do n.º 1 do art. 15.º do Regime.

[137] Em sentido oposto, Carlos Alberto FERNANDES CADILHA, *Regime...*, p. 282, afirmando que «No que se refere ao direito comunitário, a não transposição de directivas (tal como a transposição deficiente ou incompleta) equivale a uma situação de incumprimento que cabe no campo de aplicação do n.º 1 deste artigo 15.º, visto que as normas comunitárias têm força vinculativa perante o Estado Português».

[138] Note-se que o art. 15.º, n.º 3, da Proposta de Lei n.º 56/X, que deu origem ao Decreto da Assembleia 150/X, previa expressamente, em relação às omissões da função político-legislativa, o caso do Direito Comunitário. Todavia, após o veto presidencial, aquele decreto foi reapreciado pela AR e aprovado com alterações – uma das quais se traduziu exactamente na eliminação da parte final do artigo 15.º, n.º 3 (*supra*, 1.1, nota 8). Por essa razão, o Decreto da Assembleia N.º 171/X deixou de contemplar o caso da omissão da função político-legislativa quanto à transposição, ou execução, por via legislativa, do Direito Comunitário.

[139] Luís CABRAL DE MONCADA afirma mesmo que «Não há, portanto, dúvida que o novo diploma quis evitar que o Estado português tenha de pagar indemnizações por omissão das normas necessárias para tornar exequíveis normas europeias», mas reconhece que se trata de mais um caso «em que o cidadão nacional para obter perfeita tutela jurisdicional tem de recorrer ao direito europeu porque o legislador nacional não lha dá» – *Responsabilidade...*, p. 43 e p. 44, respectivamente.

ainda que à luz da legislação anterior à Lei n.º 67/2007, de 31 de Dezembro[140].

Quanto ao segundo traço de desconformidade com o Direito da União Europeia específico do regime da responsabilidade por danos decorrentes da função político-legislativa, que se prende com a imposição, pelo novo Regime, do carácter *anormal* do dano enquanto requisito da responsabilidade e pressuposto da obrigação de indemnizar, afiguram-se pertinentes as considerações seguintes.

A imposição do carácter *anormal* do dano significa, no quadro da Ordem Jurídica nacional[141], que o dano ultrapassa o risco normal, ou próprio, da vida social[142] ou «o carácter de um ónus natural decorrente da vida em sociedade»[143].

Ora a jurisprudência do TJ relevante na matéria não exclui o nexo de causalidade entre o facto ilícito e o dano enquanto pressuposto da responsabilidade do Estado membro por incumprimento, e reporta-se a um dano *directo* – mas não exige um dano *anormal*. Tal caracterização do dano imposta pelo legislador nacional, não prevista pelo Direito da União Europeia, dificulta excessivamente, ou mesmo impede, a efectivação da responsabilidade estadual e o direito à reparação – nessa medida, ainda que seja respeitado o princípio da equivalência, a sua imposição sempre violaria o princípio da efectividade que constitui um limite externo à liberdade do legislador nacional.

Por isso a exigência do carácter anormal do prejuízo não deve ser observada quando se trate de responsabilidade do Estado por incumprimento imputável à função legislativa – aplicando-se a sanção decorrente do primado, ou seja, inaplicabilidade de pleno direito da norma nacional desconforme com o Direito da União Europeia[144].

---

[140] *Infra*, 5.1.

[141] No quadro da legislação revogada o carácter anormal do prejuízo era condição da responsabilidade por factos lícitos e por factos casuais – vide os arts. 9.º e 8.º do Decreto-Lei n.º 48051, de 21 de Novembro de 1967.

[142] Cf. Marcelo REBELO DE SOUSA e André SALGADO MATOS, *Responsabilidade Civil Administrativa, Direito Administrativo Geral, Tomo III*, Lisboa, D. Quixote, 2008, p. 43.

[143] António DIAS GARCIA, *Da responsabilidade civil objectiva do Estado e demais entidades públicas*, in FAUSTO DE QUADROS (coord.), Responsabilidade..., p. 208.

[144] V., quanto à concretização da responsabilidade do Estado-legislador na Ordem Jurídica interna (ainda que na vigência da legislação anterior sobre responsabilidade do Estado), sem que se exija o carácter *anormal* do dano, *infra* 5.1.

Tal não prejudica a sua admissibilidade e plena aplicação em relação a factos ilícitos imputáveis à função político-legislativa que não se reportem ao incumprimento do Direito da União Europeia.

3.3. Consequências do incumprimento do Direito da União Europeia consubstanciado na aprovação da Lei n.º 67/2007, de 31 de Dezembro: garantia da legalidade na Ordem Jurídica da União Europeia e tutela dos particulares

A existência de desconformidades entre o Regime aprovado pela Lei n.º 67/2007, de 31 de Dezembro, com a alteração introduzida pela Lei n.º 31/2008, de 17 de Julho, e o Direito da União Europeia, em concreto o princípio comunitário da responsabilidade comunitária por incumprimento e sua concretização jurisprudencial, prefigura *per se* uma situação de *incumprimento* estadual *comum*, cujas consequências jurídicas não diferem das consequências de qualquer outro incumprimento estadual do Direito Comunitário.

A aprovação e a entrada em vigor de uma Lei aprovada pela Assembleia da República que contém normas desconformes com o Direito da União Europeia violam o princípio do primado e, também o princípio da lealdade comunitária.

Por isso, vários são os meios existentes na Ordem Jurídica comunitária para garantir a aplicação do Direito Comunitário, bem como aferir e sancionar tal incumprimento e obviar às suas consequências, designadamente: i) a apresentação de uma queixa à Comissão; ii) a instauração de um processo por incumprimento *comum*[145] pela Comissão ou por outro Estado membro nos termos dos artigos 226.º e 227.º do Tratado da Comunidade Europeia – abrangendo uma fase graciosa e, porventura, uma fase contenciosa; iii) a propositura de uma acção de responsabilidade civil extracontratual do Estado nos tribunais nacionais fundada no princípio da responsabilidade dos Estados membros por incumprimento nos termos da jurisprudência

---

[145] No sentido que defendemos em *O Poder Sancionatório da União e das Comunidades Europeias sobre os Estados membros,* Coimbra, Almedina, 2006, p. 175 e ss. e p. 638.

Francovich e posterior; iv) e, sendo caso disso, a invocação do efeito directo vertical das normas de Direito Comunitário violadas.

Tais meios não implicam qualquer precedência cronológica ou lógica entre si, podendo ser utilizados em simultâneo: os dois primeiros ao nível da Ordem Jurídica comunitária, os dois últimos ao nível da Ordem Jurídica nacional.

Todavia a sua eficácia não é idêntica. A queixa à Comissão não garante, por si só, a instauração, pela Comissão, de um processo por incumprimento contra o Estado infractor: apesar de a Comissão dever, do ponto de vista procedimental, dar conta ao queixoso da sequência da queixa apresentada[146], a Comissão goza de poder discricionário quanto à abertura do processo por incumprimento. De igual modo, a Comissão goza de poder discricionário quanto à propositura da acção por incumprimento no Tribunal de Justiça, isto é, quanto à abertura da fase contenciosa do processo por incumprimento. E o mesmo se diga em relação aos Estados membros quanto ao desencadear do processo por incumprimento e quanto ao recurso ao Tribunal de Justiça, em especial no silêncio da Comissão chamada a intervir nos termos previstos no artigo 227.º do Tratado da Comunidade Europeia.

Em relação à acção de responsabilidade civil extracontratual do Estado por incumprimento – imputável ao Estado legislador – a efectivar no tribunal nacional em cada caso competente, sublinhe-se que o sucesso da mesma depende da verificação, em concreto dos requisitos *comunitários* da responsabilidade. No que diz respeito ao efeito directo vertical, a sua invocação depende também da verificação dos requisitos respectivos fixados pela jurisprudência do Tribunal de Justiça.

Não existindo prejuízo decorrente do incumprimento estadual, o meio adequado para garantir a legalidade na Ordem Jurídica da União Europeia – e o respeito pelos princípios do primado e da lealdade comunitária por parte do Estado infractor – é o processo por incumprimento incluindo, se necessário, a sua fase contenciosa ou acção por incumprimento: só através deste meio contencioso se obtém a

---

[146] Vide a Comunicação da Comissão Parlamento Europeu e ao Provedor de Justiça Europeu relativa às relações com o autor da denúncia em matéria de infracções ao Direito Comunitário (COM/2002/0141 final), JO C 244, de 10/10/2002, p. 5 e ss., par. 7, e Anexo, n.º 9.

declaração inequívoca do incumprimento estadual e, em caso de incumprimento reiterado – plasmado na não execução do acórdão que declara o incumprimento – a aplicação de sanções pecuniárias, de quantia fixa ou progressiva (ou ambas[147]) ao Estado infractor na sua veste de Estado *legislador*. Note-se que a declaração do incumprimento estadual pelo Tribunal de Justiça não é condição ou pressuposto da responsabilidade estadual por incumprimento – sem prejuízo de, como afirmou o mesmo Tribunal desde a década de setenta, o acórdão declarativo do incumprimento poder servir de base para a responsabilização do Estado infractor relativamente aos demais sujeitos da Ordem Jurídica comunitária[148], a efectivar no quadro da Ordem Jurídica nacional e de acordo com os meios por esta previstos.

A tutela dos particulares perante um acto normativo de direito interno desconforme com o Direito da União Europeia – como sucede em parte com a Lei n.º 67/2007, de 31 de Dezembro – é, assim, limitada. É certo que, para além da queixa à Comissão, que padece dos condicionalismos indicados, e da acção de responsabilidade, afigura-se ainda possível, no quadro de um litígio no tribunal nacional competente – em especial no âmbito de uma acção de responsabilidade – que o particular suscite a necessidade de colocação de uma ou várias questões prejudiciais de interpretação necessárias e pertinentes para a resolução do caso concreto. Contudo, não só o particular apenas pode suscitar tal necessidade junto do órgão jurisdicional nacional, o qual é soberano para decidir (no respeito pelo Direito Comunitário) se coloca ou não as questões levantadas pelo particular, ou outras que entenda serem convenientes, mas ainda tal mecanismo contencioso comunitário destina-se apenas a interpretar o Direito *Comunitário* – nessa medida, o juízo concreto sobre a desconformidade do Direito nacional com aquele, bem como a concretização da sanção do primado de não aplicação do Direito nacional desconforme pertencem, ainda, ao juiz nacional, o qual tem por isso uma responsabilidade acrescida.

---

[147] Conforme sucedeu no caso *Comissão c. França* que deu lugar ao acórdão do TJ (Grande Secção) de 12/7/2005, proc.º C-304/02, Col., p. I-6263 e ss.

[148] *Supra*, 3.1, nota 82 e nota 83.

Não obstante a relevância do princípio da tutela jurisdicional efectiva[149], e o dever, por parte dos Estados membros, de garantir ao particular o direito a um recurso efectivo, os meios à disposição dos particulares para garantir um direito decorrente da Ordem Jurídica comunitária e o direito à reparação no caso de violação do Direito Comunitário por vigência de uma lei interna com ele desconforme afiguram-se, efectivamente, insuficientes.

---

[149] Vide, por todos, o ac. do TJ (Grande Secção), de 13/3/2007, *Unibet*, proc.º C-432/05, Col., p. I-2271 e ss., n.ºs 37 e 38.

4.

O regime nacional aplicável à efectivação da responsabilidade civil extracontratual do Estado e demais entidades públicas por incumprimento do Direito da União Europeia

4.1 Jurisdição competente e direito processual aplicável

A aprovação de um novo Regime substantivo da responsabilidade civil extracontratual do Estado e demais entidades públicas não prejudicou o regime processual aplicável para a sua efectivação.

Com efeito, após a reforma do contencioso administrativo, a competência para apreciar a responsabilidade civil extracontratual do Estado e demais entidades públicas, incluindo a responsabilidade por danos causados pelo exercício das funções administrativa, legislativa e judicial pertence, em princípio, aos tribunais da jurisdição administrativa e fiscal. Assim dispõe o artigo 4.º, n.º 1, alínea g), do Estatuto dos Tribunais Administrativos e Fiscais (ETAF)[150]. Existe todavia uma *excepção*, que se prende com o *erro judiciário*: à jurisdição administrativa não é atribuída competência para apreciar as acções de

---

[150] «1. Compete aos tribunais da jurisdição administrativa e fiscal a apreciação de litígios que tenham nomeadamente por objecto: (...) g) Questões em que, nos termos da lei, haja lugar a responsabilidade civil extracontratual das pessoas colectivas de direito público, incluindo a resultante do exercício da função jurisdicional e da função legislativa. (...)»

responsabilidade do Estado, imputável à função jurisdicional, por erro judiciário cometido por tribunais pertencentes a outras ordens de jurisdição (não administrativa e fiscal), isto é, responsabilidade do Estado decorrente da actuação de outros tribunais. Caberá, pois, nesse caso, a apreciação da responsabilidade do Estado imputável à função jurisdicional aos tribunais *comuns* – tal decorre do número 3, alínea a), da mesma disposição do ETAF[151-152].

Sobre a questão da jurisdição competente para a efectivação da responsabilidade do Estado por incumprimento do Direito da União Europeia já se pronunciaram os tribunais portugueses. Relativamente ao incumprimento imputável à função *legislativa*, o Supremo Tribunal de Justiça afirmou que «É da competência da jurisdição administrativa a apreciação da responsabilidade do Estado Português por acto legislativo omissivo por não ter transposto para o direito interno uma Directiva»[153].

Quando a apreciação da responsabilidade do Estado seja da competência da jurisdição *administrativa*, o processo adequado para a efectivação autónoma dessa responsabilidade é, de acordo com o disposto no Código de Processo dos Tribunais Administrativos (CPTA), a *acção administrativa comum*[154-155] – se a responsabilidade em causa é imputável às funções legislativa, administrativa ou jurisdicional, mas apenas à jurisdição administrativa e fiscal.

---

[151] «3. Ficam igualmente excluídas do âmbito da jurisdição administrativa e fiscal: a) A apreciação das acções de responsabilidade por erro judiciário cometido por tribunais pertencentes a outras ordens de jurisdição, bem como das correspondentes acções de regresso;».

[152] Do mesmo modo, o n.º 3 do art. 4.º do ETAF exclui do âmbito da jurisdição administrativa e fiscal as correspondentes acções de regresso – contra os magistrados.

[153] Acórdão do S.T.J. de 10/7/2008, proc.º 07B740 (v. http://www.dgsi.pt/jstj.nsf).

[154] Cf. art. 37.º, n.os 1 e 2, f) do CPTA: «2. Seguem, designadamente a forma da acção administrativa comum os processos que tenham por objecto litígios relativos a: (...) f) Responsabilidade civil das pessoas colectivas, bem como dos titulares dos seus órgãos, funcionários ou agentes, incluindo acções de regresso.».

[155] Cf. no caso de cúmulo de pedidos o art. 5.º, n.º 1, do CPTA. Quanto à questão do cúmulo de pedidos no quadro do contencioso pré-contratual vide Esperança MEALHA, *Responsabilidade...*, pp. 118-119.

Quanto à *forma de processo,* à acção administrativa comum corresponde o processo de declaração regulado no Código de Processo Civil (CPC), nas formas ordinária, sumária e sumaríssima[156]. A forma do processo na acção administrativa comum é determinada em razão do *valor da causa*[157] – «um valor certo, expresso em moeda legal, o qual representa a utilidade económica imediata do pedido»[158].

No tocante ao tribunal em concreto competente para a causa, em razão da hierarquia, sempre que a acção de responsabilidade se enquadrar no âmbito da jurisdição administrativa e fiscal, a acção administrativa comum deve ser intentada no tribunal administrativo de círculo[159] competente em razão do território. O CPTA prevê, quanto à competência territorial em matéria de responsabilidade civil extracontratual que as pretensões nessa matéria, incluindo acções de regresso, são deduzidas no tribunal do lugar em que se deu o facto constitutivo da responsabilidade e, ainda, que quando tal facto seja a prática ou a omissão de um acto administrativo ou de uma norma, a pretensão é deduzida no tribunal competente para se pronunciar sobre a legalidade da actuação ou da omissão[160].

Nos casos em que a apreciação da responsabilidade do Estado é cometida à jurisdição *comum* – responsabilidade do Estado por *erro judiciário* imputável à jurisdição não administrativa e fiscal – o processo adequado será, de acordo com as regras do Código de Processo Civil, o processo *comum* de *declaração* – sob a forma ordinária, sumária ou sumaríssima, em razão do valor da causa[161].

Quanto ao tribunal em concreto competente para a causa, sempre que a acção de responsabilidade se enquadrar no âmbito da jurisdição dos tribunais *comuns*, no caso atrás referido, a acção declarativa de condenação deverá ser intentada no tribunal judicial de primeira instância competente em razão do território – o tribunal do *domicílio do*

---

[156] Cf. art. 35.º, n.º 1, do CPTA, e arts. 460.º, 461.º e 462.º do CPC – e, ainda, quanto ao processo ordinário, sumário e sumaríssimo, os arts. 467.º e ss., 783.º e ss. e 793.º e ss. do CPC, respectivamente.
[157] Cf. art. 31.º, n.º 2, a), e art. 43.º do CPTA.
[158] Cf. art. 31.º, n.º 1, do CPTA.
[159] Cf. art. 44.º, n.º 1, do ETAF.
[160] Cf. art. 18.º, n.º 1 e n.º 2, do CPTA.
[161] Vide os artigos 460.º, 461.º e 462.º e 467.º e ss. do CPC.

autor[162]. O tribunal judicial de primeira instância competente em razão da matéria será o tribunal de 1.ª instância de competência genérica[163] (tribunal de comarca)[164]. Se, na circunscrição da área do domicílio do autor a competência estiver, ainda distribuída por tribunais de competência específica, será competente para a acção uma vara, um juízo ou um juízo de pequena instância[165-166].

Uma vez efectivada a responsabilidade civil extracontratual do Estado (e demais pessoas colectivas públicas) e no caso de existir direito de regresso contra os titulares dos órgãos, funcionários ou agentes, refira-se que regra idêntica à determinação da jurisdição competente para a propositura da acção se aplica do ponto de vista da jurisdição competente para a acção de regresso – sem prejuízo de alguns desvios quanto ao tribunal competente em razão da hierarquia.

Com efeito, no que toca às acções de regresso fundadas em responsabilidade imputável a magistrados da jurisdição administrativa: i) compete à Secção de Contencioso Administrativo do Supremo Tribunal Administrativo conhecer «Das acções de regresso, fundadas em responsabilidade por danos resultantes do exercício das suas funções, propostas contra juízes do STA e dos tribunais centrais administrativos e magistrados do Ministério Público que exerçam funções junto destes tribunais, ou equiparados»[167]; e ii) compete à Secção de Contencioso Administrativo de cada tribunal central administrativo conhecer «Das acções de regresso, fundadas em responsabilidade por danos resultantes do exercício das suas funções, propostas contra juízes dos tribunais administrativos de círculo e dos tribunais tributários, bem como dos magistrados do Ministério Público que exerçam funções junto desses tribunais»[168].

---

[162] Como dispõe o n.º 1 do art. 86.º do CPC: «1. Se o réu for o Estado, ao tribunal do domicílio do réu substitui-se o do domicílio do autor».
[163] Cf. art. 77.º, n.º 1, a), da Lei de Organização e Funcionamento dos Tribunais Judiciais (LOFTJ) aprovada pela Lei n.º 3/99, de 13 de Janeiro, e sucessivas alterações.
[164] Cf. art. 62.º e 77.º, n.º 1, a), do da LOFTJ.
[165] Cf. art. 64.º e 96.º do da LOFTJ.
[166] Cf. art. 97.º, 99.º e 101.º da LOFTJ.
[167] Art. 24.º, n.º 1, f), do ETAF.
[168] Art. 37.º, c), do ETAF.

A acção de regresso contra magistrados de outras ordens de jurisdição – isto é, não administrativa e fiscal – será da competência da jurisdição comum aplicando-se as regras previstas no CPC em matéria de acção de indemnização contra magistrados[169]. Estas regras aplicam-se às acções de regresso contra magistrados, propostas nos tribunais judiciais, sendo subsidiariamente aplicáveis às acções do mesmo tipo que sejam da competência de outros tribunais[170].

Quanto ao tribunal competente para a propositura de acção de regresso contra magistrados nos tribunais judiciais rege, em matéria de competência territorial, a regra do artigo 1084.º do CPC, segundo a qual a acção será proposta na circunscrição judicial a que pertença o tribunal em que o magistrado exerça as suas funções ao tempo em que ocorreu o facto que serve de fundamento ao pedido.

Quanto à competência em razão da hierarquia, a Lei de Organização e Funcionamento dos Tribunais Judicias reserva para as secções do Supremo Tribunal de Justiça, segundo a sua especialização, competência para julgar as acções propostas contra juízes do STJ e dos Tribunais da Relação e magistrados do Ministério Público que exerçam funções junto desses tribunais, ou equiparados, por causa das suas funções[171]; e reserva às secções dos Tribunais da Relação, segundo a sua especialização, competência para julgar as acções propostas contra juízes de direito e juízes militares de 1.ª instância, procuradores da República e procuradores-adjuntos, por causa das suas funções[172]. Sublinhe-se, pois, que a acção é em regra instaurada, de um ponto de vista da hierarquia, no tribunal superior àquele em que o magistrado exerce funções.

---

[169] Às acções de regresso contra magistrados, propostas nos tribunais judiciais, aplica-se o processo especial previsto nos artigos 1083.º a 1093.º do CPC: «Da acção de indemnização contra magistrados».

[170] Conforme dispõe o art. 1083.º do CPC «O disposto do presente Capítulo é aplicável às acções de regresso contra magistrados, propostas nos tribunais judiciais, sendo subsidiariamente aplicável às acções do mesmo tipo que sejam da competência de outros tribunais» – trata-se do capítulo XI do Título IV do CPC (Dos processos especiais) com a epígrafe «Da acção de indemnização contra magistrados».

[171] Cf. art. 36.º, c), da LOFTJ.

[172] Cf. art. 56.º, n.º 1, b), da LOFTJ.

Por último, refiram-se a título de evolução futura, as alterações decorrentes da aprovação, pela Lei n.º 52/2008, de 28 de Agosto, da nova Lei da Organização e Funcionamento dos Tribunais Judiciais – aplicável a partir do 1.º dia útil do ano judicial seguinte ao da sua publicação (2/1/2009[173]) às comarcas piloto nele definidas[174] e sujeita a um período experimental com termo a 31 de Agosto de 2010[175].

A alteração relevante a registar no que toca à competência dos tribunais judiciais para a propositura de acções de responsabilidade por erro judiciário cometido por tribunais pertencentes a ordens de jurisdição não administrativa e fiscal – e correspondentes acções de regresso – prende-se com o facto de a nova LOFTJ prever que os tribunais judiciais de 1.ª instância[176] que são em regra os tribunais de comarca[177] [178], se desdobram em *juízos*, que podem ser de competência genérica e especializada[179], podendo ser criados como juízos de competência especializada, entre outros, juízos de *Instância Cível* ou juízos de competência especializada mista. Por seu lado, os juízos de Instância Cível podem ainda desdobrar-se em três níveis de especialização judicial – Grande instância, Média instância e Pequena instância cível[180].

Assim, com a entrada em vigor da nova LOFTJ e até 31 de Agosto de 2010, no que toca às comarcas piloto – e a partir de 1 de Setembro de 2010 para todo o território nacional –, as acções de responsabilidade por erro judiciário que são da competência da juris-

---

[173] Nos termos do art. 11.º, n.º 1, da LOFTJ ora vigente.

[174] Comarcas de Alentejo Litoral, Baixo-Vouga e Grande Lisboa Noroeste, nos termos da conformação dada pelo mapa II anexo à Lei em causa

[175] Cf. art. 187.º, n.os 1 e 2. A partir de 1 de Setembro de 2010 e tendo em conta o relatório de avaliação do impacto da aplicação da Lei às comarcas piloto, o novo regime aplica-se a todo o território nacional (art. 187.º, n.º 3, da Lei n.º 52/2008, de 28 de Agosto).

[176] Cf. art. 17.º, n.º 1, da Lei n.º 58/2008, de 28 de Agosto.

[177] Cf. arts. 17.º, n.º 3, e 72.º, da Lei n.º 58/2008, de 28 de Agosto.

[178] A nova LOFTJ prevê que para efeitos de organização dos tribunais de comarca, o território nacional se encontra dividido em 39 circunscrições, designadas por comarcas conforme o mapa II anexo à Lei n.º 59/2008, de 28 de Agosto e, ainda, que em cada uma das circunscrições existe um tribunal de comarca (art.º 21.º, n.os 1 e 2).

[179] Cf. art. 22.º da Lei n.º 58/2008, de 28 de Agosto.

[180] Cf. art. 74.º n.º 1, n.º 2, i), n.º 3 e n.º 4, a) a c), da Lei n.º 58/2008, de 28 de Agosto.

dição comum devem ser propostas, consoante o caso, no juízo de competência genérica do tribunal de comarca do domicílio do autor[181] ou, se existir, no juízo de competência especializada do mesmo tribunal de comarca – *Instância cível* – e neste caso, se existir especialização judicial, no nível competente – *grande instância, média instância* ou *pequena instância*[182] – e em razão do valor da causa e da forma de processo[183].

Refira-se por último que a competência em razão da hierarquia no tocante às acções de regresso contra magistrados se mantém na nova LOFTJ, como decorre dos seus artigos 44.º, c), quanto ao STJ, e 66.º, b), quanto aos Tribunais da Relação.

4.2 O recurso extraordinário de revisão previsto no artigo 771.º, alínea f), do Código de Processo Civil e o Direito da União Europeia

No quadro do direito nacional relevante para a efectivação da responsabilidade do Estado português por incumprimento, merece uma referência especial o fundamento de recurso extraordinário[184] de revisão previsto no artigo 771.º, alínea f), do Código de Processo

---

[181] Uma vez que a regra constante do art. 86.º, n.º 1, do CPC se mantém inalterada – cf. art. 160.º, *a contrario,* da Lei n.º 52/2008, de 28 de Agosto.

[182] Nos termos do art. 127.º, n.º 4, e 127.º e ss. da Lei n.º 52/2008, de 28 de Agosto.

[183] Aos Juízos de *grande instância* cível compete preparar e julgar acções declarativas cíveis de valor superior à alçada do Tribunal da Relação em que a lei preveja a intervenção do tribunal colectivo (art. 128.º, n.º 1, a) da Lei n.º 52/2008, de 28 de Agosto) e aos Juízos de *pequena instância* compete preparar e julgar as causas cíveis a que corresponda a forma de processo sumaríssimo e as causas cíveis não previstas no CPC a que corresponda processo especial e cuja decisão não seja susceptível de recurso ordinário (art. 130.º da Lei n.º 52/2008, de 28 de Agosto). Por exclusão de partes, aos Juízos de *média instância* cível compete preparar e julgar os processos de natureza cível não atribuídos expressamente a outros tribunais ou juízos – não obstante serem competentes para todas as acções, questões e procedimentos que caberiam na competência dos juízos de grande e pequena instância cível quando não existam outras instâncias de especialização cível na comarca (art. 129.º, n.º 1 e n.º 3 da Lei n.º 52/2008, de 28 de Agosto). O valor da alçada da Relação mantém-se na nova Lei em € 30000 (art. 31.º, n.º 1).

[184] Nos termos do n.º 2 do art. 676.º do CPC

Civil. A reforma do processo civil de 2007 decorrente do Decreto-Lei n.º 303/2007, de 24 de Agosto[185], veio prever um novo fundamento de recurso relevante no caso, entre outros, de incumprimento estadual, sobretudo quando a responsabilidade do Estado for imputável à função jurisdicional e se traduzir na violação do Direito da União Europeia – e, assim, num erro judiciário de direito.

A nova alínea f) do artigo 771.º do CPC veio prever, com carácter inovatório, que a decisão transitada em julgado pode ser objecto de recurso extraordinário de revisão quando «Seja inconciliável com decisão definitiva de uma instância internacional de recurso vinculativa para o Estado português».

O prazo para a interposição do recurso é de 60 dias contados desde que a «decisão» (da instância internacional de recurso) em que se funda a revisão se tornou definitiva[186] e, se o fundamento de revisão em causa for julgado procedente é revogada a decisão recorrida e profere-se nova decisão, procedendo-se às diligências absolutamente indispensáveis e dando-se a cada uma das partes o prazo de 20 dias para alegar por escrito[187-188-189].

Refira-se que a Lei n.º 48/2007, de 29 de Agosto, que alterou o Código de Processo Penal, modificou o artigo 449.º em matéria de fundamentos e admissibilidade de revisão, cuja alínea g) do número 1 prevê, de modo similar ao previsto no CPC, o caso de revisão quando «Uma sentença vinculativa do Estado Português, proferida por uma instância internacional, for inconciliável com a condenação ou suscitar graves dúvidas sobre a sua justiça»[190].

---

[185] DR, 1.ª Série, N.º 163, de 24 de Agosto de 2007, p. 5689 e ss.
[186] Art. 772.º, n.º 2, b), do CPC.
[187] Art. 776.º, n.º 1, b), do CPC.
[188] Nos termos do art. 773.º, n.º 2, o requerimento de interposição do recurso deve ser instruído com certidão da decisão da «instância internacional de recurso» em causa.
[189] Nos termos do art. 154.º, n.º 1, do CPTA, a revisão de sentença transitada em julgado pode ser pedida ao Tribunal que a tenha proferido, sendo subsidiariamente aplicável o CPC, no que não colida com o disposto no CPTA. O n.º 1 do art. 155.º do CPTA confirma que o Ministério Público e as partes no processo têm legitimidade para requerer a revisão «com qualquer dos fundamentos previstos no CPC» – incluindo, por isso, o fundamento contemplado na alínea f) do art. 771.º do CPC.
[190] Paulo PINTO DE ALBUQUERQUE esclarece que «A Lei n.º 48/2007, de 29.8, resolve o problema da inexistência de um meio de execução no ordenamento jurídico

Note-se que apesar de as disposições do CPC e do CPP em causa serem contemporâneas no que toca à sua aprovação, o legislador – presume-se, deliberadamente – não optou por idêntica redacção, o que parece pressupor que a respectiva previsão e condições de aplicação não são idênticos. Sem prejuízo das especificidades decorrentes da jurisdição penal, é de sublinhar desde logo quatro diferenças essenciais: i) o CPP refere-se expressamente a «sentença» – ou seja, a decisão jurisdicional – vinculativa para o Estado Português proferida por uma instância internacional e o CPC refere-se a «decisão» vinculativa de uma instância internacional – o que *prima facie* aponta no sentido de o legislador querer abranger no preceito decisões jurisdicionais e, porventura, não jurisdicionais; ii) o CPC refere-se a uma decisão *definitiva* de uma instância internacional, qualificação sobre a qual o CPP é omisso; iii) o CPC refere-se a uma decisão de uma instância internacional *de recurso* – qualificação omitida no CPP; iv) o CPP prevê, além do carácter inconciliável entre as duas decisões, nacional e da instância internacional, o caso de esta última decisão suscitar graves dúvidas sobre a justiça da condenação.

As diferenças apontadas afiguram-se relevantes a título de elemento interpretativo do exacto sentido e alcance da disposição do CPC em causa e do novo fundamento de recurso extraordinário de revisão previsto na alínea f) do artigo 771.º do CPC.

A letra da nova alínea f) do artigo 771.º do CPC suscita várias questões principais: i) o que se deve entender por «instância internacional de recurso»; ii) o que se deve entender por «decisão» dessa «instância internacional de recurso»; iii) o que se deve entender por «decisão (...) *definitiva*» dessa «instância internacional de recurso»; iv) o que se deve entender por «decisão (...) *vinculativa*» de tal «instância internacional de recurso» para o Estado português; e, ainda, v) o que se deve entender por carácter «inconciliável» entre

---

interno das sentenças do TEDH, no que foi seguido pelo novo artigo 771.º, al.ª f) do CPC, na redacção do Decreto-Lei n.º 303/2007, de 24.8. Mas a solução vale para qualquer órgão internacional competente para proferir "sentenças vinculativas", como o Tribunal Internacional de Justiça e os tribunais penais internacionais (...)» – *Comentário do Código de Processo Penal à luz da Constituição da República e da Convenção Europeia dos Direitos do Homem*, 2.ª ed., Lisboa, Universidade Católica Editora, 2008, p. 1202, n.º 22.

uma decisão nacional transitada em julgado e uma «decisão definitiva de uma instância internacional de recurso vinculativa para o Estado português».

A resposta a tais questões não dispensa a consideração do intuito do legislador expresso no preâmbulo do diploma.

O legislador, no preâmbulo do Decreto-Lei n.º 303/2007, de 24 de Agosto, esclareceu que «em matéria de recursos cíveis são ampliados os casos em que é admissível o recurso extraordinário de revisão, de forma a permitir que a decisão interna transitada em julgado possa ser revista quando viole a *Convenção Europeia dos Direitos do Homem* ou *normas emanadas dos órgãos competentes das organizações internacionais de que Portugal seja parte*»[191] – com clara alusão, nesta parte final, ao texto da Constituição que regula a relevância do Direito Internacional na Ordem Jurídica interna[192].

Ainda que o legislador tenha esclarecido, no preâmbulo, o sentido da alteração proposta, tal conteúdo afigura-se quer redutor em relação à letra da nova alínea f) do artigo 771.º do CPC, quer contraditório com o teor da disposição em causa.

Com efeito, de acordo com o teor do preâmbulo, que expressará o «pensamento legislativo»[193], o novo fundamento de recurso extraordinário de revisão abrangerá os casos de decisão jurisdicional nacional transitada que viole, por um lado, a Convenção Europeia dos Direitos do Homem (CEDH), e que viole, por outro lado, *normas aprovadas pelos órgãos competentes de organizações internacionais de que Portugal seja parte* – a letra do preâmbulo não parece admitir outros casos que se enquadrem na previsão da norma.

Quanto ao primeiro caso referido no preâmbulo – decisão transitada em julgado que viole a *CEDH* – refira-se o seguinte. Para poder ser objecto de revisão, não basta, como se refere no preâmbulo, que uma decisão interna transitada em julgado *viole* a CEDH – é necessário que a decisão interna seja «inconciliável com decisão definitiva de uma instância internacional de recurso vinculativa para o Estado português». Ora a única «instância internacional de recurso» com

---

[191] DR 1.ª Série, de 24 de Agosto de 2007, cit., p. 5690.
[192] Cf. o texto do art. 8.º, n.º 3, 1.ª parte, da CRP.
[193] Cf. art. 9.º, n.º 1, do Código Civil.

competência para declarar uma violação, pelo Estado português, da CEDH, é a instituição criada pela CEDH para o efeito com jurisdição obrigatória para os Estados Partes – o Tribunal Europeu dos Direitos do Homem (TEDH)[194]. É pois preciso, para que possa existir fundamento de revisão que: o TEDH declare uma violação da CEDH por parte de Portugal[195]; a decisão jurisdicional do TEDH seja *definitiva*[196]; a decisão do TEDH seja *vinculativa*[197]; e, ainda, a mesma seja inconciliável com a decisão nacional transitada em julgado. Quanto à natureza vinculativa da «decisão» jurisdicional do TEDH, no caso a «instância jurisdicional de recurso» competente, a mesma decorre desde logo do carácter obrigatório, após a entrada em vigor do protocolo n.º 11 à CEDH, da jurisdição do TEDH e está expressamente prevista no artigo 46.º da Convenção. Sublinhe-se ainda que, enquadrando-se o TEDH no conceito de «instância internacional de recurso» previsto na alínea f) do artigo 771.º do CPC, a expressão «de recurso» deve ser entendida em sentido amplo – de acesso por parte de quem tenha legitimidade activa para o efeito, em especial os particulares[198] – e não no sentido de reapreciação, com hierarquia, de decisões – jurisdicionais ou de outra índole – nacionais.

Quanto ao segundo caso referido no preâmbulo – decisão transitada em julgado que viole *normas emanadas dos órgãos competentes das organizações internacionais de que Portugal faça parte* – afiguram-se também pertinentes as seguintes considerações.

A expressão utilizada no preâmbulo retoma a letra da primeira parte do número 3 do artigo 8.º da Constituição, omitindo no entanto a parte final daquela disposição constitucional – que se refere à vigên-

---

[194] Cf. art. 19.º da CEDH.
[195] Cf. arts. 32.º e 41.º da CEDH.
[196] O art. 44.º da CEDH prevê o que se deve entender por decisões definitivas do TEDH.
[197] Nos termos do art. 46.º, n.º 1, da CEDH os acórdãos definitivos do TEDH têm carácter obrigatório para os Estados Partes.
[198] Veja-se o art. 34.º da CEDH, quanto à legitimidade activa dos particulares e, ainda, o art. 44.º da mesma Convenção, quanto à legitimidade activa dos Estados membros. Para efeitos de acesso ao TEDH, as petições individuais podem ser apresentadas por qualquer pessoa física, Organização Não Governamental (ONG) ou qualquer grupo de particulares que entenda ser vítima de uma violação da CEDH por um Estado Parte.

cia directa de tais normas na ordem interna desde que tal se encontre estabelecido nos respectivos tratados institutivos. Para poder ser objecto de revisão, não basta, como se refere no preâmbulo, que uma decisão interna transitada em julgado *viole* normas emanadas dos órgãos competentes das organizações internacionais de que Portugal seja parte (*rectius,* membro[199]) – é necessário que a decisão interna seja «inconciliável com decisão definitiva de uma instância internacional de recurso vinculativa para o Estado português». Ora abranger na previsão da nova alínea f) do artigo 771.º do CPC o segundo caso referido no preâmbulo implicaria que: i) a expressão «instância internacional» abrange as organizações internacionais de que Portugal seja membro e respectivos órgãos no quadro das suas competências; ii) a expressão «decisão» (de tal «instância internacional de recurso») abrange «normas» (actos normativos) aprovadas pelos órgãos competentes daquelas organizações internacionais; iii) a expressão «decisão (...) *vinculativa* para o Estado português» abrange «normas» obrigatórias para o Estado português – o que dependerá, em concreto, do teor do Tratado institutivo da Organização em causa e das características do direito derivado aprovado pelos respectivos órgãos, em especial da sua aplicabilidade directa. Parece-nos todavia que a expressão «instância internacional *de recurso»* e, em especial, a expressão «decisão *definitiva»*, constantes da alínea f), não poderão abranger o segundo caso previsto no preâmbulo – *normas* emanadas dos órgãos competentes das organizações nacionais de que Portugal seja parte, as quais não são objecto de reapreciação[200].

Estranha-se que o legislador, tendo em conta o teor do número 4 do artigo 8.º da Constituição, aditado pela revisão constitucional de 2004, tenha omitido no preâmbulo qualquer referência às decisões internas transitadas em julgado que violem «disposições dos Tratados que regem a União Europeia» ou «normas emanadas das suas instituições» – sem prejuízo de se poder entender que a referência, feita

---

[199] Em rigor, um Estado é *parte* no tratado institutivo de uma organização internacional e *membro* desta.

[200] Implícita quer no texto da alínea f) do art. 771.º, quer da alínea b) do n.º 2 do art. 772.º do CPC.

no preâmbulo, a «normas emanadas dos órgãos competentes das organizações internacionais de que Portugal seja parte» não poderia deixar de abranger também as normas emanadas dos órgãos competentes da União Europeia e das Comunidades Europeias, questão a que se aludirá adiante.

O teor do preâmbulo não se afigura claro do ponto de vista da sua articulação com o teor literal da nova alínea f) do artigo 771.º do CPC – existindo manifesta contradição entre ambos – pelo que não se afigura suficiente para determinar os casos que se enquadram, efectivamente, na previsão da norma. Assim, há que tentar responder às cinco questões *supra* enunciadas partindo da letra da lei, de forma a apreciar a relevância da nova alínea f) do artigo 771.º do Código de Processo Civil no quadro do incumprimento do Direito da União Europeia imputável ao Estado português e da responsabilidade decorrente de tal incumprimento, em particular quando o mesmo seja imputável à função jurisdicional. A interpretação da nova disposição não se afigura todavia nem fácil, nem clara.

Há que analisar, separadamente, cada uma das questões suscitadas, de forma a aferir se o teor do preâmbulo e da letra da lei são incompatíveis ou compatíveis – e, neste caso, em que medida é possível a sua articulação, de modo a não excluir da previsão do preceito em causa os casos expressamente enunciados pelo legislador no preâmbulo.

4.2.1 Sentido da expressão «instância internacional de recurso»

Em primeiro lugar há que determinar o que se deve entender por «instância internacional de recurso» prevista na alínea f) do artigo 771.º do CPC.

O teor do preâmbulo implicaria que teria de se abranger no conceito de «instância internacional de recurso» quer o Tribunal Europeu dos Direitos do Homem, quer os órgãos de organizações internacionais de que Portugal faça parte – *prima facie* qualquer que seja a sua natureza.

Ainda que a referência autónoma à CEDH – e indirectamente ao TEDH – se possa compreender quer pela relevância do sistema de protecção de direitos fundamentais instituído pela CEDH, quer pelo facto de o TEDH não ser, em rigor, uma órgão de uma Organização internacional, mas sim uma instituição criada por Tratado celebrado entre Estados para garantir o sistema instituído pela Convenção, a expressão «instância internacional de recurso» deve abranger todas as situações similares de verdadeiras «instituições» internacionais (que não sejam *órgãos* de organizações internacionais) jurisdicionais, criadas por Tratado no qual Portugal seja parte e a cujas «decisões» se encontre vinculado pelo respectivo Tratado institutivo. Enquadrar--se-ão nesta categoria o Tribunal Penal Internacional, criado pelo Estatuto de Roma, o Tribunal Internacional do Direito do Mar e a Câmara de Controvérsias dos Fundos Marinhos deste Tribunal, instituídos pela Convenção de Montego Bay.

A expressão «instância internacional de recurso», à luz do preâmbulo, deveria ainda abranger os «órgãos competentes das organizações internacionais de que Portugal faça parte» – em teoria *todos* os órgãos, de *todas* as organizações internacionais, para-universais ou regionais, de que Portugal seja membro. É caso, entre outros, ao nível universal, dos órgãos da Organização das Nações Unidas (ONU), da Organização Mundial de Comércio, da Organização Internacional do Trabalho ou da Organização Mundial de Saúde (OMS) e, ao nível regional, da União Europeia e das Comunidades Europeias, ou da Organização do Tratado do Atlântico Norte.

A qualificação introduzida na alínea f) do preceito do CPC relativamente à instância internacional – *de recurso* – parece *prima facie* incutir a ideia de que a «instância internacional» em causa seria apenas uma «instância» a que se pudesse "recorrer", no sentido amplo atrás referido. Nesse caso, haverá que determinar de que «recurso» se trata e quem a ela pode recorrer – Estado português, outros Estados, sujeitos infra-estaduais (pessoas singulares, empresas ou ONGs) ou outros. E nessa medida, tal expressão parece inculcar a ideia de que se trataria apenas de órgãos de índole jurisdicional a que se pudesse aceder para tutela de direitos ou salvaguarda de normas jurídicas. A referência do legislador no preâmbulo não se coaduna com a letra da alínea f), não se afigurando possível enquadrar no conceito de «instância internacional *de recurso*» órgãos de índole não jurisdicional de organizações internacionais – como é o caso, por exemplo, do Conselho de Segurança ou da Assembleia Geral da ONU, do Conselho da União Europeia, ou da Assembleia Internacional da Saúde, órgão da OMS.

Assim, quanto a este aspecto – qualificação da instância internacional como instância *de recurso* – o teor do preâmbulo parece ser contraditório com o teor da alínea f) do artigo 771.º, já que a generalidade dos órgãos de organizações internacionais não são órgãos de «recurso», ainda que esta expressão seja entendida em sentido amplo – e, além disso, os órgãos «de recurso» de índole jurisdicionais não aprovarão «normas». O teor do preâmbulo, na medida em que retoma o texto da Constituição, parece querer referir-se a decisões de órgãos de organizações internacionais com competência para aprovar actos com *aplicabilidade directa* ou *imediata* na Ordem Jurídica interna, ainda que não sejam órgãos «de recurso» – mas o legislador não contemplou a intenção manifestada no preâmbulo na letra da nova alínea f) do artigo 771.º do CPC.

Em suma, a expressão «instância internacional de recurso» abrange quer instituições internacionais jurisdicionais criadas por Tratados de que Portugal seja parte – que não se reconduzem apenas ao TEDH[201] –, quer todos os órgãos de índole jurisdicional de todas as organizações internacionais, para-universais ou regionais, de que Portugal seja parte – mas não abrangerá outros órgãos, não jurisdicionais, de tais organizações internacionais. E, para abranger na expressão também as instituições e órgãos de índole *não jurisdicional* afigura-se indispensável alterar a letra da alínea f) do artigo 771.º.

---

[201] A doutrina admite que a disposição não se refere unicamente ao TEDH, abrangendo outros tribunais internacionais, mas em regra não indica quais – Miguel TEIXEIRA DE SOUSA enquadra na previsão da nova alínea f) do art. 771.º do CPC a «relevância efectiva na ordem jurídica portuguesa de decisões proferidas por tribunais internacionais, designadamente, como se refere no preâmbulo do DL n.º 303/2007, das decisões emanadas do Tribunal Europeu dos Direitos do Homem com base na Convenção Europeia dos Direitos do Homem» (*Reflexões sobre a reforma dos recursos em processo civil,* Cadernos de Direito Privado, n.º 20, 2007, pp. 12-13). Referindo-se exclusivamente ao TEDH, José LEBRE DE FREITAS e Armindo RIBEIRO MENDES, *Código de Processo Civil Anotado,* Volume 3.º, Tomo I, 2.ª ed., Coimbra, Coimbra Editora, 2008, pp. 228-229. Fernando Amâncio FERREIRA considera que se tem em vista sobretudo as decisões emanadas do TEDH e do TJCE – *Manual dos Recursos em Processo Civil,* 8.ª ed., Coimbra, Almedina, 2008, p. 317. A expressão não abrange, pois, instituições ou órgãos não jurisdicionais como é o caso, por exemplo, do Comité de Direitos Humanos no quadro do Pacto Internacional de Direitos Civis e Políticos.

As contradições entre o preâmbulo e o teor da disposição do CPC em causa carecem de uma clarificação pelo legislador numa próxima revisão do mesmo Código.

4.2.2 Sentido da expressão «decisão»

Em segundo lugar há que determinar o que se deve entender por «decisão» prevista na alínea f) do artigo 771.º do CPC.

O teor do preâmbulo implicaria que teria de se abranger no conceito de «decisão» quer decisões – jurisdicionais – do Tribunal Europeu dos Direitos do Homem, quer «normas» (actos normativos) de órgãos de organizações internacionais de que Portugal faça parte. Esta interpretação poderia ainda apoiar-se no facto de o legislador, ao invés do que sucedeu no CPP, não se referir a uma «sentença», mas sim a uma «decisão» – pretendendo incluir por isso nesta expressão, à luz do preâmbulo, quer a decisão *jurisdicional,* material ou formal, quer a decisão *normativa.*

Tendo em conta o entendimento que se preconizou quanto ao conceito de «instância internacional de recurso», entende-se que a expressão «decisão» apenas abrange decisões de índole jurisdicional proferidas por instituições jurisdicionais internacionais ou órgãos jurisdicionais de organizações internacionais – e não normas. Para abranger na expressão decisão as «normas» referidas no preâmbulo, afigura-se indispensável modificar a letra da alínea f) do artigo 771.º do CPC.

4.2.3 Sentido da expressão «decisão definitiva»

Em terceiro lugar há que determinar o que se deve entender por «decisão *definitiva*» prevista na alínea f) do artigo 771.º do CPC[202].

O carácter «definitivo» da «decisão» parece inculcar a ideia de que se trata apenas de apenas decisões passíveis de reapreciação – e, porventura, dependentes de aceitação do Estado.

---

[202] Vide também o art. 772.º, n.º 2, b), do CPC.

Ora as «decisões» passíveis de reapreciação são, entre outras que não relevarão para o caso em apreço[203], decisões de índole jurisdicional na medida em que delas caiba recurso para uma instância de reapreciação. O carácter «definitivo» da «decisão» é difícil de entender, no presente contexto, relativamente a decisões não jurisdicionais de órgãos de organizações internacionais, já que, a partir do momento em que são aprovadas pelo órgão competente – e sem prejuízo da sua publicação ou notificação aos destinatários como condição da sua eficácia – devem ser observadas e aplicadas, em especial se gozarem de aplicabilidade directa nas Ordens Jurídicas dos Estados partes num Tratado[204].

Não se vislumbra, pois, sentido útil na caracterização da decisão como «definitiva» nos casos de «decisões» de índole não jurisdicional emanadas de órgãos de organizações internacionais.

A contradição entre o preâmbulo e o teor da disposição do CPC em causa carece também de uma clarificação pelo legislador numa próxima revisão do mesmo Código. A expressão decisão «definitiva» tem pleno cabimento relativamente ao caso da violação da CEDH declarada pelo TEDH, mas não fará sentido relativamente ao caso de violação de «normas» aprovadas por órgãos não jurisdicionais de organizações internacionais de que Portugal seja membro.

Em nosso entender, a expressão «decisão *definitiva*» reporta-se apenas às decisões de índole jurisdicional de instituições internacionais jurisdicionais, ou de órgãos jurisdicionais de organizações internacionais, passíveis de reapreciação.

---

[203] É o caso das decisões administrativas na medida em que possam ser objecto de reapreciação no quadro de uma relação hierárquica.

[204] Sem prejuízo da possibilidade de poderem ser objecto de impugnação contenciosa, se tal estiver previsto no Tratado institutivo da organização e dentro do prazo nele estipulado. É o que sucede no quadro da União Europeia em que alguns actos de direito derivado, tais como regulamentos ou directivas, aprovados pelos órgãos da União podem, verificados certos requisitos, ser objecto de recurso de anulação (cf. art. 230.º do Tratado da Comunidade Europeia e art. 35.º, n.º 6, do Tratado da União Europeia). Numa interpretação ampla, poderia ainda entender-se que tais actos se tornam "definitivos" após o decurso do prazo para a sua impugnação, sem que tenha sido intentado o correspondente recurso de anulação. Não nos parece que a letra do art. 771.º, f) abranja esta situação, em especial porque impõe como requisito da revisão a desconformidade com uma decisão (definitiva) de uma instância internacional *de recurso*.

Subsiste ainda uma questão que todavia não é clarificada pelo preceito ou pelo preâmbulo: a questão de saber se a «decisão definitiva» da instância internacional de recurso, de índole jurisdicional susceptível de fundamentar o recurso de revisão é uma decisão *anterior* ou *posterior* à decisão interna transitada em julgado. Deve entender-se que *ambos* os casos estão abrangidos. No que toca à ordem jurídica da União Europeia em virtude do princípio do primado; no que toca ao restante Direito Internacional, incluindo de fonte jurisprudencial vinculativa para o Estado português, em virtude do princípio *pacta sunt servanda*, já que o carácter vinculativo do Direito Internacional em causa decorrerá sempre, em última análise, de um Tratado internacional que vincula o Estado português.

4.2.4 *Sentido da expressão «decisão (...) vinculativa para o Estado Português»*

Em quarto lugar há que determinar o que se deve entender por «decisão (...) *vinculativa* para o Estado Português» prevista na alínea f) do artigo 771.º do CPC.

O teor do preâmbulo nada refere relativamente ao carácter vinculativo para o Estado Português da «decisão definitiva de uma instância internacional de recurso». O carácter vinculativo para o Estado português de tais decisões – entendidas em sentido amplo – dependerá sempre do teor do Tratado institutivo da instituição internacional ou organização internacional em causa. Isto é válido quer em relação às decisões de índole jurisdicional – de instituições ou órgãos de organizações internacionais propriamente ditos – quer em relação às decisões de índole não jurisdicional.

Em nosso entender, e tendo em conta o atrás exposto, a expressão «decisão (...) *vinculativa* para o Estado português» refere-se apenas às decisões de índole jurisdicional de instituições jurisdicionais, ou de órgãos jurisdicionais de organizações internacionais obrigatórias – o que se verificará em regra quando as mesmas deixem de poder ser objecto de reapreciação e modificação.

Relativamente ao carácter vinculativo de tais decisões, este está em regra associado à natureza obrigatória da jurisdição em causa – sempre que a jurisdição seja obrigatória para os Estados, as decisões jurisdicionais serão em regras obrigatórias para os mesmos. É o que sucede, por exemplo com a jurisdição do Tribunal de Justiça em relação ao primeiro pilar da União Europeia ou com a jurisdição da Câmara de Controvérsias dos Fundos Marinhos do Tribunal Internacional do Direito do Mar[205]. E, ainda que a jurisdição seja facultativa, uma vez aceite a jurisdição da instituição ou órgão jurisdicional, as decisões jurisdicionais proferidas serão em regra vinculativas para os Estados – podendo existir diferenças todavia no tocante aos meios para garantir a respectiva observância e execução.

4.2.5 Sentido da expressão carácter «inconciliável» da decisão da instância internacional de recurso com a decisão nacional transitada em julgado

Em quinto lugar há que determinar o que se deve entender por carácter «inconciliável» da decisão da instância internacional de recurso com decisão nacional transitada em julgado prevista na alínea f) do artigo 771.º do CPC.

O teor do preâmbulo nada refere relativamente a tal carácter «inconciliável» excepto na medida em que se refere a «violação» da CEDH ou de «norma» de órgão de organização internacional. À luz do teor do preâmbulo, afigurar-se-ia suficiente a mera *violação* da CEDH, ou da norma aprovada por órgão de organização internacional, por uma decisão jurisdicional transitada em julgado para que esta possa ser objecto de recurso extraordinário de revisão.

O teor literal da alínea f) do artigo 771.º parece apontar em sentido diverso: não só porque não se refere, contrariamente ao preâmbulo, à fonte de Direito violada, mas ainda porque exige o requisito do carácter «inconciliável» entre a decisão da instância internacional de recurso e a decisão jurisdicional interna transitada em julgado – o que parece indiciar que a mera violação de uma fonte de Direito internacional, jurisprudencial ou não, não se afigura condição suficiente para a admissibilidade do recurso de revisão. O que seja tal

---

[205] Cf. art. 46.º do Tratado da União Europeia e art. 287.º, n.º 2, da Convenção das Nações Unidas sobre o Direito do Mar.

carácter «inconciliável», critério que o legislador não explicitou, deverá ser objecto de interpretação por parte do aplicador da norma em causa. Em nosso entender aquele carácter inconciliável implica que o teor *material* da decisão jurisdicional interna é desconforme, por acção ou omissão, com uma decisão jurisdicional de uma instituição jurisdicional internacional ou órgão jurisdicional de uma organização internacional, e que deixe sem tutela o direito ou a situação jurídica regulada por aquela decisão jurisdicional internacional[206]. Seria por exemplo o caso de uma decisão jurisdicional interna que contrarie uma decisão do Tribunal Europeu dos Direitos do Homem proferida contra Portugal que declara a violação de um direito previsto na CEDH, deixando sem protecção o direito tutelado por esta e a situação jurídica do particular que o possa invocar contra o Estado; ou, ainda, o caso de uma decisão jurisdicional interna que contrarie jurisprudência firmada do Tribunal de Justiça ou um acórdão deste Tribunal proferido contra o Estado português no âmbito de uma acção por incumprimento em primeiro ou segundo grau.

4.2.6 A alínea f) do artigo 771.º do Código de Processo Civil e a responsabilidade do Estado português por incumprimento do Direito da União Europeia

Refira-se, em jeito de conclusão, que o texto da alínea f) do artigo 771.º, não obstante o teor do preâmbulo, parece adequar-se e ser concebido *apenas* para o caso de decisões internas desconformes, porque "inconciliáveis", com decisões jurisdicionais de instâncias internacionais – instituições jurisdicionais ou órgãos jurisdicionais de organizações internacionais – obrigatórias para o Estado português por força de tratado internacional, designadamente o TEDH.
Entendendo-se que a letra da alínea f) em causa se refere a decisões de órgãos jurisdicionais de organizações internacionais, então as decisões dos tribunais da União Europeia – em especial do Tribunal

---

[206] José LEBRE DE FREITAS e Armindo RIBEIRO MENDES consideram que se exige uma **«contradição** ou **insusceptibilidade de conciliação»** entre as decisões em causa – *Código...*, p. 228.

de Justiça e do Tribunal de Primeira Instância[207] – encontram-se abrangidas na letra, e no espírito, do preceito e, consequentemente, poderá existir recurso extraordinário de revisão de uma decisão jurisdicional interna «inconciliável» com uma decisão de um tribunal comunitário – anterior ou posterior.

Tendo em conta que a competência de atribuição dos tribunais comunitários é exercida através dos meios contenciosos principais diferenciados previstos nos Tratados institutivos das Comunidades Europeias, afigura-se pertinente indagar no âmbito de que meios contenciosos principais podem ser proferidas decisões definitivas vinculativas para o Estado português.

O único meio contencioso que se reporta *directamente* à apreciação do incumprimento estadual – a *acção por incumprimento*, em primeiro ou segundo grau[208] – não pode deixar de ficar abrangido pela letra da alínea f) do artigo 771.º do CPC, em especial na medida em que através dele se declara o incumprimento estadual, susceptível de gerar responsabilidade.

O mesmo se diga das questões prejudiciais, apesar de estas terem por objecto a interpretação ou a apreciação da validade, consoante o caso, do Direito Comunitário[209], e do Direito da União Europeia relativo ao terceiro pilar da União, no caso de o Estado membro em causa ter aceite a jurisdição do Tribunal de Justiça[210]. As decisões do TJ proferidas no âmbito de um processo das questões prejudiciais devem considerar-se abrangidas na letra da alínea f) do artigo 771.º do CPC na medida em que se traduzem num meio indirecto de aferição do incumprimento estadual, já que a interpretação do Direito da União Europeia pode pôr a descoberto a desconformidade entre o direito nacional – ou a sua aplicação, entre outros órgãos, pelos tribunais nacionais – e aquele Direito e, ainda, na medida em que,

---

[207] Não se afigura pertinente neste contexto a referência à câmara jurisdicional criada e denominada «Tribunal da Função Pública da União Europeia» tendo em conta a sua competência especializada em razão da matéria – contencioso da função pública comunitária (cf. art. 225.º-A do Tratado da Comunidade Europeia e art. 1.º do Anexo ao Estatuto do Tribunal de Justiça das Comunidades Europeias).
[208] Vide os arts. 226.º a 228.º do Tratado da Comunidade Europeia.
[209] Nos termos dos arts. 68.º e 234.º do Tratado da Comunidade Europeia.
[210] Nos termos dos arts. 46.º e 35.º do Tratado da União Europeia.

quanto aos efeitos materiais, os acórdãos prejudiciais que se pronunciam pela invalidade têm uma autoridade «simultaneamente relativa e virtualmente absoluta»[211], ou seja, tendencialmente, *erga omnes*.

Quanto aos meios contenciosos principais de garantia da legalidade – recurso de anulação e processo por omissão – estes não devem considerar-se abrangidos na previsão da alínea f) do artigo 771.º do CPC, já que têm por objecto imediato a apreciação de comportamentos (actos ou omissões) de órgãos comunitários – a não ser na medida em que as decisões proferidas no âmbito de tais meios contenciosos possam ter uma incidência indirecta sobre as decisões jurisdicionais nacionais, sobretudo na medida em que considerem inválido um acto de direito derivado ou declarem uma dada omissão de um órgão comunitário contrária aos Tratados, com repercussões ao nível da Ordem Jurídica nacional.

Por último, refira-se que ainda que o ordenamento jurídico português preveja um novo fundamento de recurso de revisão – nos termos e com as dificuldades acima expostos – a exigência de revogação prévia da decisão danosa no caso de erro judiciário como condição prévia da acção de responsabilidade por erro judiciário imputável à função jurisdicional do Estado não se coaduna com o Direito Comunitário. Por isso, à luz do Direito da União Europeia deve entender-se que a interposição de recurso de revisão com o novo fundamento é uma faculdade do lesado – porventura relevante para apreciação da violação suficientemente caracterizada do Direito Comunitário se o fundamento da revisão for considerado procedente e revogada a decisão recorrida – mas não uma condição (adicional) da efectivação da responsabilidade estadual a preencher e a provar pelo lesado, porque o Direito Comunitário o não impõe. E, mesmo que o lesado possa invocar – e invoque efectivamente – o fundamento de revisão, e que o mesmo seja considerado admissível, tal não preclude o direito à reparação por danos decorrentes do incumprimento estadual do Direito da União Europeia – se a revogação da decisão decorrente do recurso extraordinário de revisão e a prolação

---

[211] Na expressão de Jean BOULOUIS, Marco DARMON e Jean-Guy HUGLO, *Contentieux communautaire*, 2.ª ed., Paris, Dalloz, 2001, p. 56.

de nova decisão não apagarem todas as consequências do incumprimento e, assim, subsistir dano.

Nos demais casos de acção de responsabilidade, em que não se exige a prévia revogação da decisão jurisdicional danosa, a revisão com tal fundamento pode ser um elemento relevante para a prova do requisito da «violação suficientemente caracterizada» do Direito Comunitário, mas de igual modo, nunca um requisito adicional da responsabilidade.

Em síntese, quanto à articulação entre a possibilidade de revisão de sentença transitada em julgado e a efectivação da responsabilidade do Estado por incumprimento: o recurso extraordinário de revisão não pode ser uma condição *sine qua non* da propositura de uma acção de responsabilidade estadual por incumprimento, quer no caso de erro judiciário, quer nos demais casos de responsabilidade, sob pena de violação do princípio da efectividade. Se, por exemplo, um tribunal de última instância não tiver colocado uma questão prejudicial e decidir em desconformidade com o Direito da União Europeia ou com jurisprudência constante do Tribunal de Justiça, e se a Comissão, ainda que o particular lesado lhe tenha dirigido uma queixa por incumprimento, não tiver intentado uma acção por incumprimento no Tribunal de Justiça não existirá nunca qualquer «decisão definitiva de uma instância internacional de recurso vinculativa para o Estado português» – sendo nesse caso impossível preencher os requisitos de que depende o recurso de revisão.

Além disso, o novo fundamento de recurso comporta várias limitações.

Para além da limitação decorrente da própria configuração legal do fundamento do recurso, pela necessidade de preenchimento cumulativo das várias condições previstas na alínea f) do artigo 771.º, outras limitações decorrem quer da regra definida sobre a aplicação temporal da disposição em causa – não aplicação aos processos pendentes em 1/1/2008 –, quer do facto de, em qualquer caso, o recurso não poder ser interposto se tiverem decorrido mais de cinco anos sobre o trânsito em julgado da decisão[212].

---

[212] Art. 772.º, n.º 1, do CPC.

Não se compreende exactamente o motivo que levou o legislador a afastar a aplicação do preceito em causa quer aos processos *pendentes* à data da sua entrada em vigor, quer aos processos findos objecto de decisão já transitada em julgado nessa data. Até porque a invocação do fundamento do recurso se encontra limitado pelo referido prazo de caducidade de cinco anos sobre o trânsito em julgado da sentença a rever. Parte da doutrina preconiza no entanto um entendimento restritivo do artigo 11.º, n.º 1, do Decreto-Lei n.º 303/2007, de 24 de Agosto, limitando-o aos recursos *ordinários*[213] e a aplicação do novo regime relativo aos recursos *extraordinários* aos processos *findos* em 1/1/2008 e aos processos *pendentes* nessa data[214].

Refira-se, por último, a existência de jurisprudência comunitária relevante em matéria de reapreciação de decisões internas – em especial jurisdicionais – desconformes com o Direito da União Europeia, já que, na ausência de fundamento de revisão – como sucedia até à entrada em vigor da reforma do processo civil de 2007 – as decisões jurisdicionais internas transitadas em julgado e desconformes com o Direito da União Europeia não podiam, por essa razão, ser objecto de revogação.

No caso *Kapferer,* o Tribunal de Justiça afirmou que o artigo 10.º do Tratado da Comunidade Europeia, que consagra o princípio da lealdade comunitária, «não obriga um órgão jurisdicional nacional a não aplicar as regras processuais internas a fim de reexaminar e revogar uma decisão jurisdicional transitada em julgado, quando se

---

[213] Neste sentido, António Santos ABRANTES GERALDES, *Recursos em Processo Civil. Novo Regime,* 2.ª ed., Coimbra, Almedina, 2008, p. 18, nota 6, e Miguel TEIXEIRA DE SOUSA, *Reflexões...,* p. 4.

[214] Neste sentido, com base na teleologia do novo regime dos recursos extraordinários – apesar de apenas se referir expressamente ao caso do novo recurso para uniformização de jurisprudência e não ao novo fundamento de revisão, v. Miguel TEIXEIRA DE SOUSA, *Reflexões...,* p. 4. Em sentido contrário J.O. CARDONA FERREIRA, entendendo que o novo regime só se aplica aos processos instaurados a partir de 1/1/2008, sem prejuízo de entender que a opção legislativa não é a melhor e que deveria ter sido exposta pela positiva (*A reforma do regime legal dos recursos cíveis de 2007. Algumas notas,* in O Direito, 140.º, 2008, II, p. 318 e p. 319).

apure que a mesma é contrária ao direito comunitário»²¹⁵ – salvaguardando-se o princípio da força de caso julgado²¹⁶⁻²¹⁷.

Ao invés, no caso *Lucchini*, o TJ considerou que o direito comunitário se opõe «à aplicação de uma disposição do direito nacional que pretende consagrar o princípio da força de caso julgado – como o artigo 2909.º do Código Civil italiano – quando a sua aplicação obsta à recuperação de um auxílio de Estado concedido em violação do direito comunitário e cuja incompatibilidade com o mercado comum foi declarada por uma decisão da Comissão que se tornou definitiva»²¹⁸. É de notar todavia que o entendimento do TJ, em detrimento do princípio da força de caso julgado, parece assentar na argumentação de que «a apreciação da compatibilidade de medidas de auxílio ou de um regime de auxílios com o mercado comum é da competência *exclusiva* da Comissão, sob fiscalização do juiz comunitário»²¹⁹. A irrelevância para o Direito Comunitário do caso julgado à luz do direito nacional tem o seu fundamento numa *reserva de competência* de um órgão comunitário – a Comissão – em matéria de

---

²¹⁵ Ac. do TJ (1.ª Secção) de 16/3/2006, proc.º C-234/04, Col., p. I-2585 e ss., n.º 24. Como afirma o TJ no acórdão, a interpretação preconizada não é posta em causa pelo ac. *Kühne & Heitz,* cit., que subordina a obrigação de o órgão em causa, por força do art. 10.º do Tratado CE, reexaminar uma decisão definitiva (acto administrativo constitutivo de direitos) que se revele ter sido adoptada em violação do direito comunitário, nomeadamente à condição de o referido órgão dispor, segundo o direito nacional, do poder de revogar essa decisão (n.º 23) – condição que não está preenchida no caso em apreço. Decorre do ac. de 12/2/2008, proferido do caso *Kempter,* que o Direito Comunitário não impõe qualquer limite temporal para a apresentação de um pedido de reexame de uma decisão administrativa que se tornou definitiva, tendo os Estados membros a liberdade de fixar prazos de recursos razoáveis – em nome do princípio da segurança jurídica –, no respeito pelos princípios da efectividade e da equivalência (proc.º C-2/06, n.º 60 e n.º 59 – v. http://europa.eu.int).

²¹⁶ Ac. *Kapferer,* cit., n.ºˢ 20 e 21.

²¹⁷ Como sublinha FAUSTO DE QUADROS, o TJ «respeitou o que o direito nacional dispunha sobre a estabilidade das decisões nacionais (no caso, decisões jurisdicionais) ainda que em detrimento da efectividade do Direito Comunitário» – *Droit de l'Union européenne. Droit constitutionnel et administratif de l'Union européenne,* Bruxelles, Bruylant, 2008, p. 494.

²¹⁸ Ac. do TJ (Grande Secção) de 18 de Julho de 2008, proc.º C-119/05, Col., p. I-6199 e ss., n.º 63.

²¹⁹ *Idem,* n.º 62 e n.º 52 – o itálico é nosso.

aferição da compatibilidade com o mercado comum dos auxílios concedidos pelos Estados membros.

Em suma, à luz desta jurisprudência, na ausência de fundamento expresso de recurso de revisão – ou quando os respectivos requisitos não se encontrem preenchidos – o princípio do caso julgado prevalecerá sempre, ainda que em detrimento do pleno efeito do Direito Comunitário, salvo na situação excepcional de incumprimento do Direito Comunitário em matéria de auxílios de Estado, em virtude da natureza *exclusiva* da competência da Comissão e de forma a assegurar, em qualquer caso, a recuperação de um auxílio de Estado concedido em violação do Direito Comunitário e cuja incompatibilidade com o mercado comum foi declarada por uma decisão da Comissão que se tornou definitiva[220].

---

[220] Cf. ac. *Lucchini*, cit., n. 63, *in fine*.

5.
A efectivação da responsabilidade do Estado português por incumprimento do Direito da União Europeia: concretização jurisprudencial na Ordem Jurídica portuguesa

Portugal, tal como qualquer outro Estado membro da União Europeia, não se encontra subtraído à aplicação do princípio comunitário da responsabilidade civil extracontratual por incumprimento. Tal responsabilidade existe e pode ser efectivada sempre que exista uma situação de incumprimento estadual e estiverem preenchidos os requisitos cumulativos fixados pela jurisprudência do Tribunal de Justiça.

A hipótese de Portugal ser demandado por responsabilidade por incumprimento do Direito da União Europeia não se afigura meramente teórica. Afigura-se realista afirmar que a efectivação – ou tentativa de efectivação – da responsabilidade do Estado português por incumprimento do Direito da União Europeia é, quer antes quer após a entrada em vigor da nova Lei, uma *excepção* – mas não uma miragem longínqua. Nesse sentido aponta a jurisprudência nacional. Com efeito, poucos são os casos conhecidos – mas existem – em que o Estado português foi demandado com fundamento no princípio da responsabilidade por incumprimento do Direito da União Europeia e, inclusive, condenado.

Os casos de condenação efectiva do Estado português por incumprimento do Direito da União Europeia reportam-se ao incumprimento imputável ao Estado-Legislador. Todavia, nada obsta a que o Estado possa vir a ser condenado por incumprimento imputável a outras funções – prefigurado-se aliás um caso de potencial responsabilidade do Estado-Juiz.

Pela sua relevância, os casos julgados relativos à responsabilidade do Estado-Legislador merecem uma referência expressa – não só porque se traduzem numa concretização do princípio comunitário da responsabilidade civil por incumprimento, mas sobretudo na perspectiva da análise do modo como os tribunais nacionais aplicaram os requisitos comunitários de que depende essa responsabilidade e os articularam com o direito substantivo e processual nacional ao tempo vigente e, ainda, numa perspectiva de evolução futura no que toca à aplicação do novo Regime.

Pela sua actualidade, merece também uma referência um potencial caso de responsabilidade do Estado imputável ao Estado-Juiz decorrente da decisão do Supremo Tribunal de Justiça de 14 de Dezembro de 2004, desconforme com o Direito Comunitário e que sustenta doutrina contrária a outras duas decisões posteriores, do mesmo Tribunal, estas conformes com o Direito Comunitário[221].

Os casos mencionados merecem, pelo seu carácter de novidade, e relevância no quadro do ordenamento jurídico nacional, algumas considerações mais pormenorizadas.

5.1 Responsabilidade do Estado português por incumprimento imputável à função legislativa

5.1.1 *A questão de direito e o incumprimento estadual*

As decisões jurisdicionais nacionais que reconhecem a responsabilidade do Estado português por danos decorrentes do exercício da função legislativa prendem-se todas com a questão da omissão legislativa, ainda que parcial, no tocante à transposição da 2.ª Directiva automóvel (84/5/CEE)[222].

---

[221] *Infra*, 5.2.

[222] Segunda Directiva do Conselho de 30 de Dezembro de 1983 relativa à aproximação das legislações dos Estados membros respeitantes ao seguro de responsabilidade civil que resulta da circulação de veículos automóveis (84/5/CEE), JO L 8, de 11/1/1984, p. 17 e ss.

Em concreto, a questão de direito reconduzia-se à questão de saber se os montantes do capital mínimo obrigatório (capital seguro) garantido pelo seguro obrigatório de responsabilidade civil automóvel impostos pela Directiva 84/5/CEE seriam aplicáveis não só à responsabilidade por facto *ilícito* mas também à responsabilidade sem culpa prevista no artigo 508.º do Código Civil – e consequente desconformidade deste com o Direito Comunitário[223] – tendo o acórdão de uniformização de jurisprudência n.º 3/2004 do STJ concluído pela revogação tácita do artigo 508.º do Código Civil[224-225].

5.1.2 A jurisprudência nacional, em especial o acórdão do Supremo Tribunal de Justiça de 27 de Novembro de 2007

São várias as decisões jurisdicionais de tribunais de recurso que condenaram o Estado Português por incumprimento do Direito Comunitário imputável à função legislativa – por incorrecta transposição da Directiva em causa[226]. É o caso, cronologicamente, do acórdão do

---

[223] A desconformidade entre o art. 508.º do Código Civil e a Directiva 84/5/CEE decorreu do teor do acórdão do TJ de 14/9/2000, *Mendes Ferreira*, proc.º 348/98, Col., p. I-6711 e ss., reiterado pelo Despacho do TJ de 24/7/203, *Messejana Viegas*, proc.º C-166/02, Col., p. I-7871 e ss.

[224] Proc. 3515/2003, de 25 de Março de 2004 (DR, I-A, de 13 de Maio de 2004, p. 3024 e ss.).

[225] A questão da revogação tácita do art. 508.º do Código Civil foi objecto de posições divergentes da doutrina nacional. No sentido da revogação tácita, Filipe ALBUQUERQUE MATOS, *Seguro Obrigatório de Responsabilidade Civil Automóvel, in* Boletim da Faculdade de Direito da Universidade de Coimbra, n.º LXXVII (2001), p. 377 e ss., nota 34, *in fine*, João CALVÃO DA SILVA, Anotação ao Acórdão do S.T.J. de 1 de Março de 2001, *in* Revista de Legislação e de Jurisprudência (RLJ), ano 134.º, n.ᵒˢ 3924 e 3925, p, 112 e ss., em especial n.º 6, p. 118 e ss., e Acórdão do S.T.J. de 13 de Fevereiro de 2003, *in* RLJ, ano 134.º, n.º 3927 e 3928, p. 197 e ss., em especial p. 198, e com menor clareza, Adriano GARÇÃO SOARES, *Seguro Obrigatório de Responsabilidade Civil Automóvel, in* Cadernos de Direito Privado, n.º 3, 2003, p. 17 e ss., e Pedro Branquinho Ferreira DIAS, *Os limites máximos da responsabilidade pelo risco, em matéria de acidentes de viação, in* Revista do Ministério Público, 2003, n.º 93, p. 87 e ss., em especial p. 96. Em sentido oposto Nuno Manuel PINTO DE OLIVEIRA, *Revogação tácita do Artigo 508.º do Código Civil in* Scientia Juridica, 2002, n.º 292, p. 97 e ss., em especial p. 109.

[226] Sem prejuízo de jurisprudência contrária, como é o caso do acórdão da Relação do Porto de 26 de Novembro de 2007 (Proc. 0750699, http://www.dgsi.pt/jtrp.nsf).

Tribunal da Relação do Porto de 7 de Abril de 2005[227], do acórdão do Tribunal Central Administrativo Norte de 8 de Março de 2007[228] e, finalmente, do acórdão da Relação do Porto de 24 de Maio de 2007 e do acórdão do Supremo Tribunal de Justiça de 27 de Novembro de 2007 que o confirmou[229-230].

A primeira das referidas decisões condenou o Estado português a pagar aos autores a quantia de 145.158,18 €[231], tendo considerado verificadas as três condições da responsabilidade estadual por incumprimento fixadas pelo Tribunal de Justiça[232].

A segunda das referidas decisões retoma integralmente a fundamentação daquele acórdão do Relação do Porto, que reproduz, pelo que considera que estão preenchidos os três pressupostos da responsabilidade estadual por incumprimento – não se fixando no entanto o valor concreto da indemnização pelo facto de a sentença recorrida não se ter pronunciado quanto a duas das quantias peticionadas pelo Autor, apesar de se ter dado como provada a correspondente matéria de facto[233]. Por isso, a decisão concede provimento ao recurso, revogando o saneador/sentença recorrido mas ordena a baixa dos autos ao Tribunal *a quo* para que os mesmos prossigam os seus ulteriores termos para os referidos efeitos, de apuramento dos valores concretos da indemnização devida.

---

[227] Proc. N.º 0530820 (www.dgsi.pt/jstrp.nsf).
[228] Proc. N.º 00996/04.3BEBRG (http://www.dgsi.pt/jtcn.nsf).
[229] Proc. N.º 07A3954 (http://www.dgsi.pt/jstj.nsf).
[230] É também relevante o acórdão da Relação do Porto de 6 de Março de 2006 (Proc. N.º 0650624, www.dgsi.pt/jtrp.nsf), proferido no quadro da acção de responsabilidade que culminou com o acórdão do STS de 27/11/2007. Com efeito, apesar de não ser um acórdão condenatório do Estado português por incumprimento do Direito da União Europeia imputável ao Estado legislador – mas sim uma decisão que se pronunciou sobre um recurso de decisão que se pronunciou pela ineptidão da petição inicial por falta de alegação pelos autores de factos que evidenciassem actuação culposa do Réu Estado – a decisão reitera o princípio comunitário da responsabilidade estadual e considera que a omissão (parcial) de transposição da segunda Directiva automóvel quanto aos limites do capital seguro no caso de responsabilidade objectiva é ético-juridicamente censurável, exprimindo por si culpa. Vide o nosso comentário em *A proposta...* p. 267-253.
[231] Quantia a que acrescem os juros legais em vigor no período decorrente desde a data da citação na acção em 1.ª instância onde lhe foram aplicados os limites do n.º 1 do art.º 508.º do CC, até efectivo pagamento (Ac. TRP de 7/4/2005, cit., III – Decisão).
[232] Ac. do TRP de 7/4/2005, cit., II – Fundamentos, b) O recurso de apelação, 7 a 9.

Assim, ambas as decisões reconhecem a responsabilidade por incumprimento do Direito Comunitário imputável à função legislativa do Estado – por omissão do dever de transposição *completa* da Segunda Directiva automóvel[234], no tocante ao capital mínimo obrigatório, até ao surgimento do Decreto-Lei n.º 59/2004, de 19 de Março, que modificou o teor do artigo 508.º do Código Civil. Aplaudem-se as decisões em causa na medida em aferem a responsabilidade do Estado português *exclusivamente* à luz dos requisitos definidos pela jurisprudência do Tribunal de Justiça das Comunidades Europeias.

Situação diversa se verifica relativamente ao acórdão do Supremo Tribunal de Justiça de 27 de Novembro de 2007. Incidindo sobre a mesma questão de direito – responsabilidade do Estado português por incumprimento imputável à função legislativa por transposição incompleta da Directiva 84/5/CEE no tocante ao capital mínimo obrigatório seguro – a decisão em causa negou a revista pondo termo a um longo processo judicial intentado pelos herdeiros de uma vítima mortal de acidente de viação sem culpa do condutor do veículo. A decisão do STJ confirma a sentença recorrida proferida pelo Tribunal da Relação do Porto em 24 de Maio de 2007 que, julgando a apelação procedente, revogou a sentença recorrida proferida pelo Tribunal da Póvoa de Varzim (que, por sua vez, julgara a acção improcedente e absolvera o Réu Estado do pedido[235]) e julgou a

---

[233] Trata-se das despesas efectuadas em tratamentos às lesões sofridas, honorários médicos de consultas, exames, medicamentos e óculos, num total de 922,95€ e, ainda, das despesas de transportes e deslocações para tratamento às lesões sofridas, num total de 156,50€.

[234] Em sentido oposto, o acórdão da Relação do Porto de 26/11/2007, cit., que considerou não ter havido omissão legislativa por parte do Estado na transposição para a ordem jurídica interna da Segunda Directiva automóvel – por entender que o Estado procedeu à sua transposição, designadamente através do Decreto-Lei n.º 3/96, de 25 de Janeiro que modificou o art. 6.º do Decreto-Lei n.º 522/85, de 31 de Dezembro (proc. 0750699, cit.).

[235] No que toca ao tribunal nacional competente para a apreciação da responsabilidade neste caso concreto, note-se que a acção foi intentada *ab initio* no Tribunal Administrativo do Círculo do Porto, que se declarou incompetente em razão da matéria, vindo os autos a tramitar pelo Tribunal Judicial da Comarca da Póvoa de Varzim – saliente-se ainda que a actual redacção da alínea g) do n.º 1 do art. 4.º do ETAF resulta da Lei n.º 107-D/2003, de 31 de Dezembro, e que a acção foi intentada anteriormente, em 2/05/2003.

acção totalmente procedente, condenando o Estado Português no pagamento aos Autores da quantia de 73.378,91 €, acrescida dos juros legais em vigor, desde a data da citação na acção em 1.ª instância onde lhe foram aplicados os limites do n.º 1 do artigo 508.º do Código Civil até efectivo e integral pagamento.

Não se questiona o resultado da douta decisão – condenação do Estado português na reparação de danos por incumprimento do Direito Comunitário imputável à função legislativa – mas sim a respectiva fundamentação.

É com estranheza que se lê no acórdão que a condenação do Réu Estado não merece censura já que «Tratando-se de responsabilidade civil extracontratual aquela que os AA. pretendem actuar com a acção, alegaram e provaram factos integradores da causa de pedir, no caso: o facto ilícito, a culpa, o dano e o nexo de causalidade entre o facto e o dano – art. 483.º do Código Civil e arts. 2.º e 6.º do DL 48051, de 21.11.1967».

É certo que o STJ reconhece que: «O Estado deveria ter transposto a 2.ª Directiva até 31.12.1995 e só o fez através do DL.59/2004, de 19.3»; «Os Estados-membros estão obrigados a reparar os prejuízos causados às partes pela violação do direito comunitário e essa violação pode resultar da não aplicação na ordem interna de normas e princípios comunitários – por omissão – ou quando desrespeite acórdãos do TJCE»; e, ainda, «A *responsabilidade* assacada ao Estado resulta de um *comportamento omissivo* violador do Tratado, já que o Estado português deveria ter transposto a Directiva até 31.12.1988 (...) prazo que foi prorrogado até 31.12.1995, sem que o fizesse». E inclusive afirma que importa enfocar a questão na perspectiva do Direito Comunitário, com referência ao princípio comunitário da responsabilidade do Estado por incumprimento e às três condições fixadas pelo Tribunal de Justiça de que depende o direito à reparação. Não obstante, o STJ acabou por reconduzir a responsabilidade do Estado por incumprimento – não transposição completa da Segunda Directiva automóvel – à responsabilidade civil extracontratual do Estado *por facto ilícito*, por ter agido com culpa, à luz do Direito nacional, afirmando que «Está, in casu, essencialmente em questão a eventual caracterização do acto legislativo do Estado (omissão de legislação) como *acto ilícito*» e, ainda, que o cerne do recurso consiste em saber se os AA. terão «direito a ser indemnizados por aquilo que não receberam, em função de ao tempo das decisões judiciais não ter sido transposta a Directiva, ou seja, incorreu o Estado em responsabilidade civil extracontratual, mormente, por ter agido com *culpa*».

O STJ ignora inexplicavelmente a obrigação de aferir a responsabilidade do Estado por incumprimento do Direito Comunitário à luz deste mesmo Direito e dos requisitos fixados pela jurisprudência comunitária – aferindo a responsabilidade à luz do Direito interno infraconstitucional então vigente – o Decreto-Lei n.º 48051 e o Código Civil, sem sequer fazer qualquer referência ao Direito Constitucional como fundamento da obrigação de indemnizar imputável ao Estado--Legislador tendo em conta, designadamente, que aquele diploma, entretanto revogado, se reporta à responsabilidade da administração por actos de gestão pública.

Não se pode, pois, concordar com a fundamentação da douta decisão – a qual configura inclusive uma situação de incumprimento estadual imputável à função jurisdicional, ainda que sem consequências danosas para a esfera jurídica do particular. Os requisitos comunitários da responsabilidade estadual por incumprimento não são nem a ilicitude, nem a culpa, enquanto tais e aferidos à luz do Direito interno vigente, mas sim a «violação suficientemente caracterizada do Direito Comunitário» – que não pressupõe necessariamente a culpa. A aferição da responsabilidade extracontratual do Estado por incumprimento do Direito Comunitário foi efectuada à luz de critérios nacionais – e não comunitários – mais exigentes do que estes, o que a Ordem Jurídica comunitária não permite, uma vez que o preenchimento das três condições definidas pelo Direito da União Europeia são necessárias e *suficientes* para criar um direito à reparação na esfera jurídica do lesado.

Quanto à irrelevância, para o tribunal nacional, do requisito comunitário da atribuição de direitos para os particulares, esta não se afigurará contrária ao Direito Comunitário na medida em que a sua não consideração se traduz numa flexibilização dos requisitos comunitários da responsabilidade, ou seja, na sua menor exigência enquanto condição da efectivação do direito à reparação.

Os casos referidos apreciados pelos tribunais nacionais são uma inequívoca concretização do princípio da responsabilidade civil extracontratual do Estado português por incumprimento do Direito Comunitário – imputável à função legislativa.

Refira-se por último que, se fosse intentada, com base no novo Regime, uma acção de responsabilidade contra o Estado português com o mesmo fundamento de incumprimento, por omissão (ainda que parcial), do Direito Comunitário imputável ao Estado legislador – situação, reitere-se, que a letra do Regime não contempla –, essa responsabilidade não poderia ser aferida de modo mais exigente do que o Direito Comunitário permite. Em síntese, não se poderia exigir como condição da responsabilidade a anormalidade do dano, as «circunstâncias concretas de cada caso» previstas pelo legislador nacional não poderiam prejudicar os elementos enunciados pela jurisprudência comunitária para a aferição da «violação suficientemente caracterizada» e teria, em qualquer caso, de ser respeitado o princípio da efectividade.

5.2 Responsabilidade do Estado português por incumprimento imputável à função jurisdicional

5.2.1 *A questão de direito e o eventual incumprimento estadual*

Um eventual caso de responsabilidade por incumprimento do Direito da União Europeia imputável à função jurisdicional do Estado pode configurar-se no ordenamento jurídico português.

A questão de direito em causa prende-se com a obrigação de resultado imposta pelo artigo 1.º, parágrafo 1, da Terceira Directiva automóvel (90/232/CEE)[236] de cobertura, pelo seguro obrigatório, dos danos pessoais de *todos* os passageiros, *excepto o condutor*, enquanto «categoria particularmente vulnerável de vítimas potenciais»[237]. A Directiva em causa foi transposta para a Ordem Jurídica interna pelo Decreto-Lei n.º 130/94, de 19 de Maio, que alterou, entre outros o artigo 7.º do Decreto-Lei n.º 522/85, de 31 de Dezembro,

---

[236] Terceira Directiva do Conselho de 14 de Maio de 1990, relativa à aproximação das legislações dos Estados membros respeitantes ao seguro de responsabilidade civil relativo à circulação de veículos automóveis (90/232/CEE), JO L 129, de 19/5/1990, p. 33 e ss. Rectificações publicadas no JO L 171, de 4/7/1990, p. 30 e JO L 75, de 4/4/1995, p. 30 – vide o texto consolidado em http://eur-lex-europa.eu (01990L0232 -20050611).

[237] Cf. considerando quinto da Directiva 90/232/CEE.

então vigente, e relativo às exclusões da garantia do seguro. A esta disposição corresponde hoje o artigo 14.º do Decreto-Lei n.º 291/ /2007, de 21 de Agosto.

Em face da legislação comunitária, interpretada pelo Tribunal de Justiça[238-239], deve entender-se que ficam abrangidos pela cobertura do seguro obrigatório automóvel os danos pessoais sofridos pelo proprietário do veículo – e tomador do seguro e segurado na apólice – quando seja passageiro transportado no veículo seguro e, portanto, o não conduza. Qualquer acto ou decisão imputável ao Estado que exclua da cobertura do seguro aqueles danos pessoais afigura-se inequivocamente contrária ao Direito Comunitário.

5.2.2 *O acórdão do Supremo Tribunal de Justiça de 14 de Dezembro de 2004: um caso responsabilidade estadual por incumprimento do Direito da União Europeia imputável à função jurisdicional?*

A questão de direito relevante acima enunciada – cobertura pelo seguro obrigatório de responsabilidade civil automóvel dos danos

---

[238] A jurisprudência do TJ aponta reiteradamente no sentido de o art. 1.º da Terceira Directiva impor aos Estados, como obrigação de resultado, a cobertura pelo seguro obrigatório dos danos pessoais sofridos por todos os passageiros além do condutor enquanto «categoria particularmente vulnerável de potenciais vítimas» e, ainda, no sentido de os Estados membros não poderem prever excepções à obrigação de protecção das vítimas além das taxativamente previstas pelas sucessivas Directivas de harmonização em matéria de seguro de responsabilidade civil automóvel – vide os acs. do TJ de 28/3/1996, *Ruiz Bernáldez*, proc.º C-129/94, Col., p. I-1829 e ss., n.ºs 16 e 19, de 14/9/2000, *Mendes Ferreira*, proc.º C-348/98, Col., p. I-6711 e ss., n.ºs 26 e 34, e despacho de 14/10/2002, *Whithers*, proc.º C-158/01, Col., p. I-8301 e ss., n.º 20

[239] Vide os acs. do TJ de 30/6/2005, *Katja Candolin*, proc.º C-537/03, Col., p. I-5745 e ss., e de 19/4/2007, *Elaine Farrell*, proc.º C-356/05, Col., p. I-3067 e ss. – respectivamente n.ºs 21 e 22, e 31 a 35, em especial n.º 34, *in fine;* e n.ºs 25 a 35, em especial n.ºs 22 e 23, 29 e 30. Em ambos os casos o TJ entendeu que o art. 1.º da Terceira Directiva se opõe a que uma legislação nacional exclua da cobertura do seguro obrigatório os danos pessoais sofridos por «passageiros» – no primeiro caso, um passageiro proprietário do veículo e sua contribuição para a produção do dano que sofreu (v. n.ºs 34 e 35); no segundo caso, pessoas que viajam numa parte de um veículo que não foi concebida nem construída com assentos para passageiros (v. n.º 36). O TJ afirmou no primeiro caso que o facto de o passageiro em causa ser o proprietário do veículo cujo condutor provocou o acidente é irrelevante (cf. n.º 35, *in fine*).

corporais sofridos por todos os passageiros com excepção do condutor – foi já objecto de apreciação por parte de tribunais portugueses e, inclusive, de decisões contraditórias do Supremo Tribunal de Justiça. Com efeito, o acórdão do Supremo Tribunal de Justiça de 14 de Dezembro de 2004[240] considerou os danos em causa excluídos da cobertura do seguro obrigatório, absolvendo o Réu seguradora, e duas decisões posteriores do STJ, de 16 de Janeiro de 2007 e de 22 de Abril de 2008, consideraram – e bem – tais danos abrangidos na cobertura do seguro obrigatório[241].

Tratando-se de uma decisão desconforme com o Direito Comunitário – concretamente com o artigo 1.º, parágrafo 1, da Terceira Directiva automóvel – afigura-se pertinente questionar se a decisão sobre o mérito da causa plasmada no referido acórdão do STJ de 14 de Dezembro de 2004 poderá configurar uma situação de responsabilidade do Estado português por incumprimento do Direito da União Europeia imputável à função jurisdicional. Tal responsabilidade tem de ser aferida de acordo com o princípio da responsabilidade estadual por incumprimento e respectivos requisitos decorrentes da jurisprudência do TJ.

Os requisitos de que depende a responsabilidade estadual são três e os elementos para a aferição, pelo órgão jurisdicional competente, do requisito da «violação suficientemente caracterizada do Direito Comunitário são os que atrás se apontaram, decorrentes da jurisprudência *Köbler* e *Traghetti*.

Parece-nos *prima facie* que o teor da decisão jurisprudencial configura uma situação de incumprimento do Direito Comunitário geradora de responsabilidade para o Estado. Por um lado, afigura-se que o artigo 1.º da Terceira Directiva automóvel confere, efectivamente, aos passageiros transportados (não condutores), enquanto «categoria particularmente vulnerável de vítimas potenciais»[242], o

---

[240] Revista n.º 3902/04-1, não publicado.

[241] Acórdãos do STJ de 16/1/2007 (Proc. 06A2892) e de 22/4/2008 (Proc. 08B742), disponíveis em http://dgsi.pt/jstj.nsf. Este último acórdão reconheceu que o seguro obrigatório abrange a cobertura dos «danos causados ao próprio tomador e proprietário do veículo, se passageiro não condutor do mesmo».

[242] Vide o considerando quinto da Terceira Directiva automóvel.

direito a verem os danos pessoais sofridos abrangidos na cobertura do seguro obrigatório de responsabilidade civil automóvel e o *efeito directo* de tal disposição foi inclusive reconhecido pela jurisprudência do TJ[243]. Por outro lado, parece também configurar-se um *nexo de causalidade* entre a violação e o dano: o sentido da decisão jurisdicional, contrariando o Direito Comunitário vigente – e, inclusive, o direito nacional que o transpõe – privou a vítima da indemnização a que tinha direito com fundamento no Direito Comunitário. Quanto ao requisito da violação suficientemente caracterizada do Direito Comunitário, parece-nos que se encontram verificados a maioria dos elementos fixados pela jurisprudência comunitária, em especial: o grau elevado de clareza e precisão da norma; o carácter indesculpável do erro de direito; a não colocação de uma questão prejudicial de interpretação por um órgão jurisdicional que julga em última instância, sem que tal posição seja fundamentada na jurisprudência relevante[244]; e, ainda, a inobservância de jurisprudência que reiteradamente se pronuncia sobre a questão jurídica em causa.

Refira-se ainda, por último, que sem prejuízo do direito à reparação por incumprimento estadual imputável à função jurisdicional, relativamente à decisão em causa se afiguraria porventura possível – perfilhando uma interpretação restritiva do número 1 do artigo 11.º do Decreto-Lei n.º 303/2007, no sentido de excluir da aplicação da norma os recursos extraordinários – utilizar o novo fundamento de recurso (extraordinário) de revisão previsto na alínea f) do artigo 771.º do CPC. Isto com base na «decisão definitiva de instância jurisdicional de recurso» vinculativa para Portugal – leia-se acórdão definitivo do TJ proferido no quadro de um processo de questões prejudiciais – proferida quer no caso *Katja Candolin,* quer no caso *Elaine Farrell*[245]. Uma dificuldade existe todavia que inviabilizará essa possibilidade: a que se prende com o prazo de interposição do recurso de 60 dias que se afigura excessivamente curto.

---

[243] Ac. do TJ de 19/4/2007, *Elaine Farrell,* cit., n.º 38.
[244] Ac. do TJ de 6/10/1982, *CILFIT,* proc.º 283/81, Rec., p. 3415 e ss., em especial n.º 21.
[245] Ac. de 30/6/2005 e de 19/4/2007, cits., respectivamente.

A efectivação do direito à reparação com base no princípio comunitário da responsabilidade civil extracontratual do Estado por incumprimento do Direito da União Europeia – e respectivos requisitos – afigura-se assim como o meio necessário e indispensável para a tutela jurídica do particular lesado e para a garantia do direito que a Ordem Jurídica comunitária lhe confere.

6.

Subsídios para a modificação da Lei n.º 67/2007, de 31 de Dezembro, e do Regime da responsabilidade civil extracontratual do Estado e demais entidades públicas à luz do Direito da União Europeia

Por último, tendo em conta as formulações críticas que se teceram em relação ao novo Regime da responsabilidade do Estado e demais entidades públicas à luz do Direito da União Europeia, não podemos deixar de apresentar um contributo para uma futura modificação do mesmo no sentido da clarificação do Regime da responsabilidade civil extracontratual do Estado e demais entidades públicas no que toca à sua articulação – e conformação – com o Direito da União Europeia.

Sugere-se assim a introdução de uma disposição autónoma em sede das «Disposições Gerais» (Capítulo I) do Regime que possa contribuir para clarificar, em benefício da certeza e da segurança jurídicas, os seguintes aspectos principais: i) o princípio comunitário da responsabilidade do Estado português por incumprimento do Direito da União Europeia, imputável a qualquer das suas funções; ii) a efectivação da responsabilidade do Estado português depende da verificação dos requisitos fixados pelo Direito da União Europeia, os quais são necessários e suficientes para a constituição da obrigação de indemnizar; iii) a aplicação do regime nacional da responsabilidade, substantivo e processual, na medida em que não contrarie o regime comunitário da responsabilidade estadual por incumprimento, sem prejuízo de poder revestir um carácter mais favorável à efectivação da responsabilidade estadual por incumprimento; iv) a liberdade do legislador nacional na determinação do regime nacional da responsabilidade, substantivo e processual, é conformada pelo princípio da efectividade.

Relativamente à responsabilidade do Estado e demais entidades públicas por incumprimento no quadro do Direito Comunitário da contratação pública a questão fundamental que se coloca é a de saber se o regime da responsabilidade aplicável é o regime geral decorrente da jurisprudência *Francovich* – e da jurisprudência posterior que a desenvolveu – ou um regime especial que dispensa ou objectiva o requisito da violação «suficientemente caracterizada», sendo condição bastante a mera «violação», pela entidade pública contratante, do Direito comunitário aplicável em matéria de contratação pública. Não obstante a competência para a clarificação deste aspecto pertencer à Ordem Jurídica da União Europeia e, em última análise, ao Tribunal de Justiça, o direito nacional da responsabilidade deverá, se for caso disso, reflectir tal regime especial de responsabilidade – que se traduzirá numa aplicação menos exigente do requisito da violação suficientemente caracterizada do Direito Comunitário.

Apresentam-se de seguida duas alternativas de redacção de uma disposição específica relativa à responsabilidade civil extracontratual do Estado por incumprimento do Direito da União Europeia: uma mais genérica e outra mais pormenorizada.

A formulação genérica que se propõe é uma das seguinte:

«ARTIGO

**Responsabilidade civil extracontratual do Estado
por incumprimento do Direito da União Europeia**

O presente Regime é aplicável à responsabilidade do Estado por incumprimento do Direito da União Europeia na medida em que não seja incompatível com o regime comunitário, geral ou especial, da responsabilidade dos Estados membros por incumprimento do Direito da União Europeia».

ou, de modo mais sucinto,

«O presente regime não prejudica a aplicação do regime comunitário, geral ou especial, da responsabilidade do Estado por incumprimento do Direito da União Europeia».

Em alternativa, a formulação mais detalhada que se propõe é a seguinte:

«ARTIGO

**Responsabilidade civil extracontratual do Estado
por incumprimento do Direito da União Europeia**

1 – O Estado é responsável pelos danos causados pelo incumprimento do Direito da União Europeia.

2 – À responsabilidade do Estado por incumprimento é aplicável o regime geral definido pela jurisprudência do Tribunal de Justiça das Comunidades Europeias.

3 – A efectivação da responsabilidade do Estado por incumprimento depende da verificação cumulativa dos requisitos comunitários da responsabilidade definidos pela jurisprudência do Tribunal de Justiça das Comunidades Europeias e aferidos à luz dos elementos por este fixados:

a) a norma de Direito da União Europeia violada atribuir direitos aos particulares;
b) a violação suficientemente caracterizada da norma de Direito da União Europeia;
c) a existência de um nexo de causalidade entre a violação e o dano.

4 – O disposto no número anterior não prejudica a aplicação do regime especial da responsabilidade do Estado por incumprimento do Direito Comunitário em matéria de contratação pública».

Esperamos que o legislador possa considerar devidamente o princípio da responsabilidade dos Estados membros por incumprimento do Direito da União Europeia, de forma clara, coerente e integrada, numa futura alteração da Lei n.º 67/2007, de 31 de Dezembro, e do Regime da responsabilidade civil extracontratual do Estado e demais entidades públicas aprovado em anexo à mesma – assegurando-lhe, no ordenamento jurídico infra-constitucional, o lugar que lhe é devido e que merece e contribuindo desse modo para a certeza e a segurança jurídicas em prol dos sujeitos infra-estaduais, cidadãos e empresas, também sujeitos de Direito da Ordem Jurídica da União Europeia e, por isso, titulares de direitos que a mesma lhes confere, entre os quais o *direito à reparação* por danos causados por incumprimento estadual do Direito da União Europeia imputável a todas as funções do Estado.